万卷·人物

纵游沧海一浮生

李白诗传

田梦 著

万卷出版公司

ⓒ 田 梦 2020

图书在版编目（CIP）数据

纵游沧海一浮生：李白诗传 / 田梦著. —沈阳：万卷出版公司，2020.2

（万卷·人物）

ISBN 978-7-5470-5260-0

Ⅰ.①纵… Ⅱ.①田… Ⅲ.①李白（701-762）-传记②李白（701-762）-唐诗-诗歌欣赏 Ⅳ.①K825.6 ②I207.227.42

中国版本图书馆CIP数据核字（2019）第275924号

出 品 人：	刘一秀
出版发行：	北方联合出版传媒（集团）股份有限公司
	万卷出版公司
	（地址：沈阳市和平区十一纬路25号 邮编：110003）
印 刷 者：	辽宁新华印务有限公司
经 销 者：	全国新华书店
幅面尺寸：	145mm×210mm
字　　数：	230千字
印　　张：	9
出版时间：	2020年2月第1版
印刷时间：	2020年2月第1次印刷
责任编辑：	朱婷婷
责任校对：	高　辉
封面设计：	范　娇
版式设计：	徐春迎
ISBN 978-7-5470-5260-0	
定　　价：	39.80元
联系电话：	024-23284090
传　　真：	024-23284448

常年法律顾问：李　福　版权所有　侵权必究　举报电话：024-23284090
如有印装质量问题，请与印刷厂联系。联系电话：024-31255233

目录

序言 1

第一章 谪仙下凡·提笔便是一个盛世

李花怒放一树白 5

醉情于山水的剑客 13

所谓侠客：相遇注定别离 23

「仙界」与凡间，怎生纠结 32

经历过生死，便不甘平庸 42

第二章 奔走江湖·朝作猛虎行，暮作猛虎吟

任理想气吞山河 51

栖息于凡间的鹏鸟 60

安能摧眉折腰事权贵 69

壮士心飞扬，落日空叹息 77

长风破浪会有时 87

第三章 豪情万丈·直望五千里

蜀道难于上青天 99

三十六峰，寻不到神仙 106

何人不起故园情 115

美酒不辜负岁月 124

浮生若梦，为欢几何 135

第四章 欢喜成空·欲济苍生未应晚

仰天大笑出门去 145

金龟换酒酬知己 155

待诏翰林，取乐的工具 164

本是疏散人，屡贻褊促诮 172

猿声啼出惆怅 181

第五章 现实无情·人生得意须尽欢

喜欢风景的人，逃不过红尘 195

豪情抚不平心伤 203

梦醒再无故人 211

借酒浇愁愁更愁 220

霜染鬓发，不改意气风发 228

第六章 不舍初衷·壮士一去不复返

热血满腔泪满襟 239

繁华背后，静谧亦是孤独 248

家在远方 256

活着，就有希望 264

来生再邀明月 272

后记 279

田 梦

曾用笔名布可小姐，一个挚恋墨香的女子，爱美爱笑、爱书爱画，执着于温美的文字梦境。多年来，始终跟随着心灵的脚步，将文字倾洒，那点点墨如飞花，交织一场人生好梦，轻抚人们心中最初的温暖和感动。曾出版作品《人在边上，心城内外——钱钟书的围城人生》《杨绛：人生最曼妙的风景》《聆听撒哈拉的歌声：三毛传》等。

序　言

每每遇到一首好诗，只听其韵味，品其情怀，便可默然陶醉。诗，是诗人的清欢，那些平仄的字句，裹挟着前尘，护着那些往事穿过历史的风烟，再小心翼翼地呈在世人眼前，告诉世人，它们曾经来过。

历史诞生了数不尽的诗人，唯有李白被时人后世尊称一声"谪仙"。于万千诗人当中，李白是最富性情的一个。他仗剑天涯，洒脱不羁，从不克制内心真正的声音。哪怕世人说他癫狂，他也要以梦为马，荒唐出格调。

平淡的一生，是他最不愿拥有的。当别人将梦想收敛于现实，他却偏要活得狂放。天马行空，随心而行，人活着，就要任性。

江湖之上，留下太多他的传说。世人皆知他的随性，却很少有人懂得他的失意。终其一生，李白都期望在政治上有所建树。可穷极一生追逐，却无奈只能沦为王权的牺牲品。

纵然晚年漂泊，遭遇牢狱之灾，但他一腔男儿报国之志却从未更改。哪怕是人生的最后一程，他依然为梦想努力着。只可惜，他偏偏少了那么一点儿运气。当理想燃尽，也只剩一声叹息。

诗与酒，指引了李白的远方。从他的诗中，能品出人生百态，相信他的酒中，也饱含着世态炎凉。

人情冷暖，李白都已尝遍。但他依然要告诉全世界，人若失去执念，失去信仰，便会沦为庸者。

最澎湃的热血，最练达的人生，这便是李白那段近乎疯狂的一生。

第一章

谪仙下凡·提笔便是一个盛世

李花怒放一树白

千载悠悠,是谁在吟诵一首盛唐?数不尽的唐诗,如浩渺星河,将灿烂的银辉洒满时光的背影。文字中,能依稀闻到千年之前午后暖阳的香,夹杂着书卷笔墨的韵味,将你我一路带入长安。

有人在明月下斟酒赋诗,一柄长剑悬于腰间。他身姿俊逸,神情闲散,斗酒饮尽,诗已百篇。他仰天大笑,呼朋引伴,沧海明月皆为知己,哪怕对月独酌,诗情与豪情从未消减。翩翩仙姿,世人皆以为谪仙下凡。与其说是谪仙,不如尊一声诗仙。

世人若能背几首唐诗,便笃定其中定有李白所作。唐代诗人众多,诗篇更是无数,却很少有人像李白这样,一生狂放不羁,将万般豪情凝聚于诗中,为后人所津津乐道。

李白的人生,足以堪称传奇。他经历了盛唐最光辉灿烂的年代,也亲眼见证了一个盛世逐渐衰败的过程。盛唐的气势恢宏,激起他宏大的人生理想,让他迫不及待想要入仕,为卿为相,为时代的辉煌增添几笔浓墨重彩。

狂放如他，从不在意细微之处。他的理想太大，除了入仕报国，一切在他眼中皆是小事。然而，他又生来超脱，注定无法融入官场浑浊的泥潭。于是，李白的理想，注定只能是理想，永远无法照进现实。可他偏要在挫折中坚守自己的理想，将自己的理想主义在诗篇中发挥到极致。

或许，世人应感谢李白的狂放、不羁、理想主义与偏执。若非如此超脱的个性，想必也无法激荡出如此之多饱含灵性的诗句。

古时文人，家世似乎尤为重要。就好像人生来便贴上了一个标签，代表着在人间品级的高低贵贱。出身豪门的，自然诸事顺遂；出身贫寒微末的人家又不甘于贫寒的，便不得不经历一番艰苦奋斗。

李白虽与唐代皇族同姓，却与皇族扯不上半点儿关系。据唐朝人李阳冰的《草堂集序》与范传正的《唐左拾遗翰林学士李公新墓碑》记载，李白的祖先乃是五胡十六国之一的西凉国创建人武昭王。

若真是如此，李白的家世也算得上显赫。只可惜，隋朝末年，李白的一位祖先犯了罪，迫使全家人离乡背井，流落至西域一个名叫碎叶的小镇隐姓埋名。这般流浪客居的生活，直至唐中宗神龙元年（705）才宣告结束。

唐武后长安元年（701），李白在碎叶呱呱坠地。据说，在他出生的前一晚，母亲做了一个梦，梦见太白金星突然从天而降，飞入李家，又飞入她的腹中。之后，她便觉腹中疼痛，醒过之后，李白便降生了。

李白的降生，并未给李家带来多么大的喜悦。李家是个大家庭，在李白之前已有十一个哥哥姐姐，作为家里的第十二个孩子，他的降生的确算不上新鲜事。

李白的父亲名叫李客，因为太白金星入梦，他便给这个新生儿取了个小字"太白"，这个名字也算得上父亲和母亲对李白未来人生的希冀。只是他们从未想过，这个因梦而来的小字，却让这个初生的婴儿在千年之后仍然被世人所牢记。

按照碎叶的风俗，家里有新生儿降生，便要邀请街坊邻里宴饮。觥筹交错之间，人们只将这场宴饮当作再平常不过的一场庆生宴，并不知道这个名不见经传的边陲小镇，在未来的某一天，会因为他而被人频频提及。

直到三岁，父母还没有给李白取好大名。一个春日，父亲李客看到院中树木葱翠，繁花似锦，便开口吟了一联诗："春国送暖百花开，迎春绽金它先来。"一旁李白的母亲听到，便柔声接了一句："火烧叶林红霞落。"她是个才女，有一双温柔的大眼睛，李白那双大眼睛像极了母亲。

听到父母吟诗，一旁正在李子树下玩耍的李白抬头看了看满树白花，随口便接了一句："李花怒放一树白。"

这随意一吟，惊呆了父母。他们突然觉得这个孩子或许真的是太白金星下凡，否则如此年幼，怎能有如此才气？应和着诗句中最后一个"白"字，李客决定将儿子的大名取为"李白"。

边陲小城碎叶城，虽隶属大唐国土，但却有着十足的异域风情。那里的生活习俗与文化风尚都未彻底汉化,且时常天寒地冻,林木稀少,真正的饱学之士,在那里并不多见,往来最多的,不是当地的胡人便是客商。不知是否为了孩子们的前途着想,李客萌生了举家迁回内地的打算。

于是,一家人扶老携幼,开始了一场漫长而又艰辛的迁徙。漫漫东归路,是不足五岁的李白人生中的第一次旅途。不知是否因为这场旅途实在令他印象深刻,才让他一生如此热衷于活在旅途之中。

伴随着马蹄声与驼铃声,李白渐渐告别了那块生他的土地。他还不懂什么是故乡,对于那块所谓的故土并没有太深的眷恋。他甚至不记得这场迁徙持续了多久,只记得在历经跋涉之后,一家人终于从西域来到西蜀绵州昌隆县青莲乡,并在那定居下来,并恢复了李姓。

从此,西蜀便成了李白的第二故乡,也是他记忆中最眷恋的故乡。见惯了西域的万里黄沙、茫茫戈壁,乍一见到西蜀的山明水秀,李白只觉得仿佛置身于仙境。这里有清澈的流水,远处的水岸云雾蒸腾,让他分不清哪里是水,哪里是天。随处可见都是苍郁的树、灿烂的花,中间还夹杂着一些青竹,好一派缥缈空灵的山水。

他只觉得心中有说不出的欢乐,一颗心被这里的山水滋润着,一个诗人的灵魂从这一刻渐渐成型。

李客自从定居昌隆,便甘心做一名隐士。他无意官场,只于田间与诗书中寻找人生的乐趣。好在,李家并不算贫寒,因为祖辈的积累,在昌隆,李家甚至算得上富甲一方。

或许正是因为童年的生活如此优渥，才能培养出李白"千金散尽还复来"的豪情。

蜀中是一片文化沃土，有着相对独立和稳定的地域文化空间。这里道教与佛教鼎盛，文人墨客层出不穷。这种环境为李白创造了一种无形的文化浸染。在这里，他得到了文化的启蒙。

赋闲在家的李客最大的乐趣就是照管孩子们读书。直到多年以后，李白还能回忆起父亲教他诵读《子虚赋》的情景。除此之外，他还像大多数蜀地的孩子一样，熟读经史子集。浸染于诗书之间，李白如鱼得水，年纪轻轻，便显露出与众不同的聪慧。

李白记忆力非凡，随着平仄押韵韵律，摇头晃脑之间，便可将书中的内容烂熟于心。李客对这个孩子给予了更多的疼爱，李白五岁那一年，李客就开始教导他诵读汉代文学家司马相如的词赋。或许，在李客的心目中，希望儿子成为一个如司马相如一般有才学、有成就的人。父亲的殷切希望也被李白铭记于心，于诗书上下了更多的功夫。

李客听说在眉州象耳山有位非常有名的学者，于是便把李白送去那里读书。起初，李白还能凭天生的聪明获得学者的称赞，渐渐地，他开始耍起小聪明，不再像最初那样用功。没过多久，便觉得有些吃力，萌生了弃学之心。

一天，天气晴朗、风和日丽，朵朵白云浮于湛蓝的天空，细碎的阳光在溪水上洒下粼粼波光，望着窗外的美景，学堂上的李白不禁走了神儿。他越想越坐不住，于是便偷偷溜出去玩耍。他打算到溪水中捉鱼，鼻端仿佛已经能闻到鲜鱼烤熟时散发的焦香。可是还未到溪边，耳畔便传来阵阵金属摩擦之声。

他循声走近，发现一位老妪双手握着一根粗长的铁杵，正在一块大石头上反复摩擦。李白不解，便上前询问缘由。老妪磨得认真，头也不抬地应着李白，她要把手上的铁杵磨成细细的绣花针。

李白惊讶地瞪大了眼睛，怀疑老妪是在欺骗他，于是忍不住又问："这么粗的铁杵，怎么可能磨成细细的绣花针呢？"

老妪回答得简短："只要不停地磨，铁杵自然会越变越细，终有一天会变成绣花针。"

李白不禁陷入沉思，随后便豁然开朗。原来自己近日在学问上吃力，是因为用功不够的缘故。一时间，捉鱼仿佛不再那么有乐趣，他默默返回学堂，埋头于诗书之间。

当李白的学问日益精进，父亲便不再满足于让儿子只做一名文弱书生。李客认为，好男儿当文武兼修，于是，他开始教李白剑术。

十五岁的李白已成长为翩翩少年，一腔鸿鹄之志已悄然在胸中酝酿。适逢开元盛世，大唐一派欣欣向荣之景，李白对自己的未来更多了几分期许，他坚信终有一天，自己定能像书中那些披肝沥胆、为国效力的壮士侠客一般，成就一番恢宏的事业，于天地间纵情挥洒自己的才情，建功立业，济世救民。

一日再读江淹的《恨赋》，更觉江淹是以写"恨"鼓励和鞭策自己。李白是天生的乐天派，一篇《恨赋》，虽然让他因古人志愿未遂抱恨而死感慨，也让他对自己的人生充满了希望。于是，他提笔写下一篇《拟恨赋》，洋洋洒洒几百字，充满了乐观与豪迈：

《文选》：江淹尝叹古人遭时否塞，有志不伸，而作恨赋。太白此作，终篇拟之云。

晨登太山，一望蒿里。松楸骨寒，宿草坟毁。浮生可嗟，大运同此。于是仆本壮夫，慷慨不歇，仰思前贤，饮恨而殁。

昔如汉祖龙跃，群雄竞奔，提剑叱咤，指挥中原。东驰渤澥，西漂昆仑。断蛇奋旅，扫清国步，握瑶图而倏升，登紫坛而雄顾。一朝长辞，天下缟素。

若乃项王虎斗，白日争辉。拔山力尽，盖世心违。闻楚歌之四合，知汉卒之重围。帐中剑舞，泣挫雄威。骓兮不逝，喑哑何归？

至如荆卿入秦，直度易水。长虹贯日，寒风飒起。远雠始皇，拟报太子。奇谋不成，愤惋而死。

若夫陈后失宠，长门掩扉。日冷金殿，霜凄锦衣。春草罢绿，秋萤乱飞。恨桃李之委绝，思君王之有违。

昔者屈原既放，迁于湘流。心死旧楚，魂飞长楸。听江枫之袅袅，闻岭狖之啾啾。永埋骨于渌水，怨怀王之不收。

及夫李斯受戮，神气黯然。左右垂泣，精魂动天。执爱子以长别，叹黄犬之无缘。

或有从军永诀，去国长违，天涯迁客，海外思归。词人忽见愁云蔽日，目断心飞，莫不攒眉痛骨，泣血沾衣。

若乃错绣毂，填金门，烟尘晓沓，歌钟昼喧。亦复星沉电灭，闭影潜魂。

已矣哉！桂华满兮明月辉，扶桑晓兮白日飞。玉颜减兮蝼蚁聚，碧台空兮歌舞稀。与天道兮共尽，莫不委骨而同归。

细数前人，放达与奋进之心顿生，这种信念也支撑着李白艰难跋涉、苦苦追求其一生。

他甚至已经幻想自己登堂拜相的场景，于是，又用一篇《明堂赋》，将自己的政治主张阐述殆尽。很难想象，一个十五岁的少年竟然能想到管理国家应像黄帝前往崆峒山访求"至道"一样，才能将国家治理成"几华胥之故乡"，才能达到"元元""澹然"无事，归心朝廷的"政化"之境。

自从有了入仕之心，李白便再也无法忍受困于眼前这一席之地。纵然青莲乡山清水秀，人心良善，却也阻断了他与外面世界的关联。他迫不及待地想要去领略大唐盛世的山河壮美，想要结交一群志同道合的知己好友，与他们纵情诗酒，快意人生。于是，他义无反顾地投入理想之中，开启了自己跌宕起伏、漂泊又丰富的一生。

醉情于山水的剑客

于李白来说,剑是男儿的精气神儿。自幼随父亲练习剑术,他便一柄长剑不离身,白衣瘦马游走江湖。剑为李白增添了桀骜超然之气,神采飞扬,更添几分潇洒。男儿仗剑走天涯,这是李白肆意挥洒的青春。

十五岁的少年,已经练得一身好剑术,这成为李白辞亲远游的资本。然而,李白的求仕之路却走得不同寻常。他没有奔赴京城繁华之地,而是来到大匡山(戴天山)隐居,一面寻仙访道,追求悠游人生,一面在山中的大明寺继续读书、积累学识。

那一年的暮春时节,李白兴致盎然地独自行走于大匡山中,他要去寻访一位道士。只见清晨的大匡山,一派桃源景象,泉水淙淙,犬吠隐隐,桃花瓣上带着露珠,浓艳耀目。李白缘溪而行,穿越一片树林走入山中,触目便是一片宜人之景,令他流连忘返。

李白心中不禁暗自赞叹,修道之人,就应该住在这般世外桃源、超尘拔俗之地。

山中林间小道之上，时常能见到麋鹿出没。林深路长，当李白行至溪边时，已近正午时分。山中一片寂静，李白有些纳闷。此时本该是道院打钟的时辰了，却为何听不到钟声？唯有溪水潺潺清晰可闻。

此处距离道院尚有一段距离，李白在美景中徜徉了一程，不知不觉便来到道院门前。可惜的是，道士并不在道院里。远道而来却扑了个空，李白有些失望。百无聊赖之际，他举目四望，发现道院周围的景色别有洞天。

一片绿竹融入青苍的山色之中，一抹宜人的绿色冲开青色的云气直冲蓝天。一条白色的飞瀑挂于碧绿的山峰之上，飞泉、碧山，相映成趣。如此美景的确值得细细品味。此处道院真可谓一片净土，李白一面赞叹道士的淡泊与高洁，一面又羡慕道士可以住在这样清幽宜人的景色里。

只可惜，李白四下询问，却没有人知晓道士所去之处。年轻的李白不免又心生惆怅，斜倚在道院旁边的松树上，李白将自己的惆怅写入诗中：

访戴天山道士不遇

犬吠水声中，桃花带露浓。

树深时见鹿，溪午不闻钟。

野竹分青霭，飞泉挂碧峰。

无人知所去，愁倚两三松。

乘兴而来，败兴而归，这次访道士不遇的经历，像极了李白的一生。

好在，每经历一次失望，李白便能找寻到新的希望。

虽没能遇到那位著名的道士，但与眠山隐者东岩子一同在山林道观中潜心学习，也是平生一段极其愉悦的往事。

在山中隐居，远离尘世喧嚣，读书练剑之余，李白最大的乐趣便是饲养奇禽异鸟。山中的鸟雀种类无数，个个仿佛通人性，李白只须一声高呼，群鸟便纷至沓来。有些胆大的鸟甚至停落在他身上，啄食他手掌中的鸟食。

这些鸟并非人人都肯靠近，李白的身上似乎有一种吸引它们的魔力，唯有他能令它们招之即来。

相传绵州刺史听说了李白与东岩子驯鸟的奇闻逸事，还特地前往眠山察看。亲眼证实之后，更加叹为观止，认定两人一定有某种异于常人之能。于是，当即便邀请二人参加道科的考试。

生来桀骜的李白，虽渴望为国效力，却未把科考看得太重。东岩子向来淡泊名利，更是无心科举。二人均婉言谢绝了绵州刺史的好意。

在李白看来，与东岩子隐居眠山的那段日子，是人生中一段极其愉悦的记忆。李白的一生，说长不长，说短不短，他实在有太多至交知己，东岩子不过是他人生中的一位过客，短暂的交集过后，两人便各奔天涯。

与东岩子相比，赵蕤在李白的人生中占据了重要的位置。赵蕤年长李白二十岁，十八岁的李白在赵蕤面前总是恭恭敬敬，因为赵蕤是他最尊敬的老师。

赵蕤，字太宾，自幼学习经史典籍，是位饱学之士。除此之外，他剑术颇通，并且琴棋书画无一不精，可谓能文能武的奇才。十载寒窗苦读，赵蕤也曾经希望通过科考施展自己的报国志向，可惜屡试不中，深受打击。

年轻时，赵蕤曾走遍蜀中各地，体察民情，对治国之策持有一番独到的见解。然而，上天并没有给他入仕从政的机会。失望之余，赵蕤甚至有些愤世嫉俗。他本性清高，看清了世事的污浊，于是携妻归隐梓州长坪山，在一处荒草丛生的岩洞中定居下来。

隐居山林的生活，并没有消磨掉赵蕤的治国抱负，反而给了他更幽静的思考空间。呕心沥血四年，赵蕤竟写成一部谋略奇书《长短经》。全书共九卷六十四篇，饱含齐家治国平天下的帝王谋略，尤其将历史权变和人间兴亡之道阐述得淋漓尽致，堪称一部传世不朽之作。

李白最佩服真正有学识之人。自从读过《长短经》，李白便对赵蕤心生敬仰，特地从大匡山一路风尘仆仆赶往梓州，慕名来拜见。

李白天生一副高傲狂放之姿，赵蕤一见便喜欢上了这个谈吐不俗的少年。在赵蕤门下，李白一面学习剑术，一面帮赵蕤整理装订《长短经》。在无数个夜晚，他们秉烛夜谈。赵蕤在《长短经》中写下的纵横捭阖的谋略权术、举荐贤能的治国良策，李白烂熟于心。偶尔有疑惑，或是独到见解，两人便一同分享、共同讨论。对赵蕤来说，李白是弟子，更是知己。

赵蕤能看出李白身上的不俗之处，对他的一腔鸿鹄之志也颇为理解。恍惚间，他仿佛看到未来的李白，将一鸣惊人，千古留名。

于是，赵蕤毫不吝惜地将《长短经》中的精要之处详细讲解给李白。李白跟随赵蕤学习一年有余，将赵蕤思想中的精髓尽数吸纳。同时，赵蕤也将那股洒脱飘逸的隐者风骨和豪情万丈的性情于潜移默化中传给了李白，更是影响其一生。

李白敬仰的古圣先贤很多：匡扶天下的管仲，不辱使命的晏婴，运筹帷幄的张良，预知三分天下的诸葛孔明……他们让李白胸中的一腔热血沸腾。此时的李白，已有雄心万丈，只可惜，暂时还报国无门。

想到未来，向来狂放不羁的李白竟然也陷入一丝迷茫。赵蕤以过来人的身份语重心长地告诫李白，他的求仕之路很失败，人都说"三十老明经，五十少进士"，三十岁考上明经已经算老，五十岁考上进士却还算年轻的。为了科考，太多有识之士浪费了大好青春，纵然年老得中，又有什么用呢？

提起自己的过去，赵蕤难掩懊悔之情。李白从老师的话中似乎有所领悟，他突然意识到，科举之路并不是他要走的路。所谓科考，其实是对太多有才学的人的扼杀。

赵蕤告诉李白，如今诏令五品以上的官吏，皆可向朝廷直接举荐贤才。与其浪费大好光阴屡试不中，不如直接寻找赏识自己的伯乐。那样，才能有机会大展宏图。

老师的话重新点燃了李白的理想，他觉得自己如同一只大鹏鸟，天空广阔，将任他翱翔。

依依不舍地拜别老师后,李白启程去往成都,从此开启了他的游历蜀中之旅。

蜀中盛产锦缎,天下闻名。于是,那里的江水称为"锦江",成都又被称作"锦城"。李白敬仰的司马相如也是此处人。

自小在蜀中长大,李白早已习惯这里温和的气候。一年四季,草木长青,花开不谢,奇花异草,珍禽野兽,和谐共处,难怪人们将蜀中称为"天府之国"。

不过,李白却从未来过成都。他早就听说这里风景秀美,名胜数不胜数,早已对这里心生向往。更重要的是,当年的成都是益州首府,更是剑南道大都督所在地。李白觉得,在这里或许能遇到自己的伯乐。

不得不说,李白是幸运的。出任益州大都督府长史的礼部尚书苏颋,此时正在前往成都的驿亭中休息。苏颋敕封许国公,与兵部尚书燕国公张说齐名,世人将他们二人合称为"燕许大手笔"。对于李白来说,与苏颋偶遇,简直是天赐良机,他无论如何也要抓住机会。

李白带着自己的《春感》《明堂赋》《大猎赋》等诗文作品前去拜访,深得苏颋赞赏:"此子天才英丽,下笔不休。虽风力未成,且见专车之骨。若广之以学,可与相如比肩也。"苏颋向李白承诺,当今朝廷正处用人之际,待他上任之后,定会向朝廷举荐李白。

李白从未想过机会降临得如此突然和容易。可惜,还没等他来得及高兴,就被打回了现实。当问到李白籍贯何处,是否世家子弟时,李白如实回答说父亲只是一名商人,那官员立刻变了脸色。那时的商人被视为贱民。仅此一条,李白便被挡在了仕途之门外。

初次拜谒失败,对李白算不上打击。他决定好好游历一番成都的美景,再做打算。

一日清晨,李白来到成都著名的散花楼。散花楼的得名源自"天女散花"传说,为隋末蜀王杨秀所建。春光明媚,将散花楼照耀得光彩夺目,金碧辉煌,一派富丽堂皇之景。散花楼以装饰精美著称,李白迫不及待登楼观赏。每登一级,李白便更惊叹一分。金窗、绣户、珠箔、银钩、飞梯,处处尽显高雅别致,宏伟壮观。尤其是在朝阳照耀下,更显生动。

散花楼连接霄汉,气势雄伟,放眼望去,令人心旷神怡。他在散花楼一直徜徉到日暮时分,看着潇潇细雨飘洒向三峡,春日的江水漫漫,环绕着双流城。此番登楼如同置身于九天云外,之前拜谒失败的忧愁消散殆尽。

兴之所至,李白赋诗一首:

登锦城散花楼

日照锦城头,朝光散花楼。

金窗夹绣户,珠箔悬银钩。

飞梯绿云中,极目散我忧。

暮雨向三峡,春江绕双流。

今来一登望,如上九天游。

此诗是李白青年时期之作,但他的诗歌天赋却已显露无余,一番大手笔的描摹,难怪苏颋称赞李白有雏凤之态。

之后,李白又去游览抚琴台。站在台前,李白用手抚摸着琴台,他的思绪不禁飘向远方。

当年,司马相如就是在此台弹出一曲美妙优雅的《凤求凰》,博得卓文君倾心,遂结成百年之好。

接着,扬雄的草玄堂、严平的占卜处,以及世人为纪念诸葛亮"鞠躬尽瘁,死而后已"而建的武侯祠,都留下了李白的足迹。

在成都流连月余,还是没收到苏颋那边的消息。李白深知此次举荐无望,便赶往下一站渝州。

渝州虽不及成都繁华,但却是李白有的放矢之地。李白此去不为游山玩水,是为拜谒一位传奇人物——李邕。大名鼎鼎的李邕,此时正担任渝州刺史。李邕的父亲李善当年所著的《昭明文选》,被读书人奉为必读之书。李邕则年少成名,青出于蓝胜于蓝,不仅学富五车,并且热衷于广交天下好友。被召为左拾遗,曾任户部员外郎、括州刺史、北海太守等职,人称"李北海"。

这一日,初生牛犊不怕虎的李白,手持自己的诗作叩开了李邕的府门。初见李邕,李白被他独特的风度和气质所吸引。李白毫不拘谨,反而意气风发,高谈阔论,完全不像初来乍到的年轻人的谦卑模样。

当李白呈上自己的诗作,李邕只漫不经心地扫了一眼,便淡淡地说:"这般乡间俗语如何能登大雅之堂?"

其实李邕觉得和乳臭未干的毛孩子深谈有失身份。并且在他看来,李白虽然很有才华,但却太恃才傲物了,尚需悠长的岁月去磨平。

李白听到李邕这般言语,面上立刻露出不快之色。不过,李白自负才学过人一等,只是李邕不懂得欣赏罢了,不代表自己没有文采。于是,他看李邕的眼神,由愠怒变为坦然,甚至带着一丝嘲讽。

他对着李邕略略躬身一拜,便起身告辞。回到住处,李白挥毫写下一诗,托人送给李邕:

上李邕

大鹏一日同风起,扶摇直上九万里。
假令风歇时下来,犹能簸却沧溟水。
时人见我恒殊调,闻余大言皆冷笑。
宣父犹能畏后生,丈夫未可轻年少。

大鹏是《庄子·逍遥游》中的神鸟,传说这只神鸟轻拍翅膀便是三千里,扶摇直上,可达九万里。李白这是在以大鹏自比,即便这只大鹏不借助风的力量,翅膀一扇,也能将沧溟之水一簸而干。

他也在讽刺李邕是凡夫俗子,无法理解自己的远大抱负。孔子都曾说:"后生可畏。焉知来者之不如今也。"李邕显然不是圣人,看李白年轻便心生轻视。他的轻慢态度让李白大为不满,毫不掩饰地在诗中显露自己的少年锐气。

李邕读过诗后大惊,他终于明白,年轻的李白的确有狂傲的资本。光是这首诗中显露出的才情,也足够他傲行世间。于是,他叮嘱下人,若是李白再来拜访,一定要留住他，李邕要亲自迎接。可惜，骄傲如李白，再也没有登李邕的门。

　　即使为了追寻理想，也要不卑不亢。哪怕面对高官名士，他依然桀骜不驯。有人欣赏李白的洒脱，有人不喜他孤高自诩的性格。于是，在拜谒的路上，李白屡屡碰壁。可无论如何，他依然不肯卑躬屈膝、谄媚讨好。天生傲骨，令他无法放低姿态；世事浑浊，他也不肯同流合污。

所谓侠客：相遇注定别离

山水之情，似乎比人情更美。几次拜谒，让李白看到了人性太多不堪的一面。他决定再次投入山水之中，将自己蒙尘的心彻底洗涤干净。

峨眉山，一直是李白魂牵梦萦的地方。一想到即将投入峨眉山的怀抱，李白便兴奋不已。

所谓"一山有四季，十里不同天"，说的便是峨眉山的奇秀美景。李白眼中的峨眉山，层峦叠嶂，数不尽的奇树叫不上名字。山中飞瀑幽涧，令人心旷神怡。他曾在诗中描写过自己此番登峨眉山的经历：

登峨眉山

蜀国多仙山，峨眉邈难匹。

周流试登览，绝怪安可悉？

青冥倚天开，彩错疑画出。

泠然紫霞赏，果得锦囊术。

云间吟琼箫，石上弄宝瑟。

平生有微尚，欢笑自此毕。

烟容如在颜，尘累忽相失。

倘逢骑羊子，携手凌白日。

初至名山，亲历奇景，与以往游历蜀地名胜的感受完全不同。蜀地有许多仙山，却都难以与峨眉山相媲美。山中岩壑幽深，群峰险怪，阴晴变化，景象万千。只可惜其中奇绝的景致实在太多，一次登临，难以完全领略。

峨眉山高峻磅礴，秀丽无俦，奇光异彩，分列杂陈。李白觉得自从登临峨眉山，仿佛置身于图画之中。山中的丹霞翠霭令他仿佛心与天合。那一刻的李白似乎能够参透天地间的奥秘，就如同得到了仙家的锦囊，参透了修道成仙之术。

这般山光掩映、云霞飘拂之景，让李白无比欢快。若能在云霄之间吹奏玉笛，必能响彻群峰；若能在山石上弹奏宝瑟，必能声振林泉。这般怡情于物外的生活，是李白平生夙愿。

从少年时起，李白便有了修道学仙的愿望。人间之乐并非不能割舍，他的骨子里早已舍弃世间的功名利禄。此番漫游峨眉山，饱览山光水色，足以快慰平生，哪怕就此告别人间世俗之乐亦足矣。

他早就听说峨眉山顶有"佛光奇景"，便想要领略一番。当他终于登上山顶时，云烟万态、晴光霞影就在眼前。阳光折射之下，人影便呈现于云影光环之间，李白觉得自己仿佛已经羽化成仙，尘世间的一切忧虑烦恼全部洗涤殆尽。

传说峨眉山中有仙人，当年葛由便是骑着自己刻的木羊入山成仙。假如此番能够遇到骑羊子葛由，李白便打算与他携手仙去了，上凌白日，辞谢人间。

峨眉山让李白流连忘返，不知不觉，竟然在此处徜徉了半年之久。算算时间，李白已有几年没有回家了。纵然醉情于山水，家中父母尚在，李白还是要回家看一看了。

临近家乡，李白又看到那块长得像牛的石头。小时候，李白无数次骑在石牛上，拿着树枝做鞭子，像模像样地催打石牛快跑。少年时，李白甚至还为石牛作了首诗：

咏石牛

此石巍巍活像牛，埋藏是地数千秋。

风吹遍体无毛动，雨打浑身有汗流。

芳草齐眉弗入口，牧童扳角不回头。

自来鼻上无绳索，天地为栏夜不收。

笔锋虽略显稚嫩，但一句"天地为栏夜不收"，已经将李白的豪迈之气在无形中展露。

正逢秋日，草木凋零，秋风萧瑟，阵阵寒气逼人。还未进门，李白远远地就开始呼唤家中父母。家人见到李白归来，欣喜异常，在外多年，李白成熟了许多，也清瘦了许多。做母亲的最见不得儿子消瘦，便忙着张罗做顿丰盛的菜肴，好好地为儿子补一补。

他滔滔不绝地向家人讲述自己游历蜀中的经历，淡然地讲述自己拜谒失败的种种遭遇。李白讲得开心，母亲却听出了哀愁。她安慰儿子，凭他的才华早晚会有一番作为。

家是最好的港湾，任何地方都比不上家的温暖。可是，李白注定不是个恋家之人。在家中短暂休整之后，他又计划着一场远游。

二十四岁的李白，仍然是一介白衣。他不安于现状，若是就此终老一生，岂不白白来人世一遭？他要去更远的地方，仗剑江湖，拜访名流，为自己求取功名。

想到即将离开这片熟悉的故土，尤其是那座熟悉的大匡山，李白心中感慨万千：

别匡山

晓峰如画参差碧，藤影风摇拂槛垂。
野径来多将犬伴，人间归晚带樵随。
看云客倚啼猿树，洗钵僧临失鹤池。
莫怪无心恋清境，已将书剑许明时。

天色初晓，李白走出门外，远望那座熟悉的大匡山，在曙光中犹如一幅美好的画卷。斑斓的山色，令人心旷神怡。他渐渐走近大山，眼前，树上垂下的藤蔓正随风摇曳，枝条轻轻拂过栏杆。

不知不觉，天色将晚，晚归的樵夫身上背着高高一摞刚砍好的柴，向家中奔走。山中小径，往来的行人一下子多了起来，几乎人人都带着家犬，一派浓郁的生活气息。李白只觉得内心忽然平静了下来。

走到大明寺前，看到那棵熟悉的树。曾经，每当读书累了，他便靠在这棵树上，看天上云卷云舒，听远处猿啼阵阵。有时候大明寺里的僧人会出来清洗钵盂。用来洗钵盂的那处池塘，曾有白鹤飞来，可惜这次前来，白鹤却不知去往何处。

一草一木，皆是李白最熟悉的回忆。他眷恋这处清境，但却身不由己。并非李白不爱大匡山的美景，而是他已将一腔热情与文才武略许给未来。他必须要从这里走出去，凭借自己的文武才艺，开创一番伟大的事业。

他便这样匆匆归来，又匆匆离开。一切皆是为了相遇，一切也皆是为了分离。

峨眉山是李白走出蜀地的必经之路，不过此番与之前的心境截然不同。这一次，李白并没有长久驻足，而是趁着夜色，乘船从峨眉山前经过。秋日的夜晚，半轮秋月挂在峨眉山前，一轮月影倒映在流动的平羌江上。李白准备离开清溪直奔三峡，他是那样喜爱峨眉山，只可惜却不能停下来好好与它亲近，因为他还要匆匆赶往渝州。

既然不能登临山峰，那么就用一首诗作为纪念：

峨眉山月歌

峨眉山月半轮秋，影入平羌江水流。
夜发清溪向三峡，思君不见下渝州。

途径巴地，李白做了短暂的停留。巴地素来有好听的民歌，李白想要感受一下当地的风情，体会一下巴地民歌的意境。

一日正午，李白正走得口渴，刚好路边有一处小小的茶摊。茶摊上没什么客人，只有一位年轻的妇人在照管炉子上的热水。或许是这里少有行人经过，看到有客人光顾，妇人十分欣喜。她热情地帮李白沏茶，两人渐渐攀谈起来。

原来，那女子的丈夫乘船东下去经商，留下她一人照顾年迈的公婆。在外摆茶摊虽赚不到几个钱，但好歹能贴补一些家用。李白问女子是否知道丈夫什么时候回来，女子回答的语气充满哀愁。

关于丈夫的归期，女子并没有答案。她只记得自己当初送丈夫离开时的情景。当时的她强忍伤心，害怕丈夫看到自己落泪会难过。她千般叮咛，万般嘱咐，希望丈夫在外一定要照顾好自己的身体，更叮嘱他不要忘记家中还有妻子在等他归来。

她多希望丈夫乘坐的那条小船能划得慢一些，让她多看丈夫几眼。可那小船竟划得那样快，倏忽之间便已到了江水的尽头。此刻的女子已经泪如雨下，她痴痴地站立在岸边，默默地在心中计算："十个月的时间，小船便能行驶三千里，照这般速度，丈夫几年之后才能回来呢？"

那时的交通极其不便利，夫妻一旦分隔两地，便不知何时才能团聚。女子听说，很多在外经商的旅人都客死异乡，即便身体康健，也有可能在外面另立家室。像她这般在家独守的商妇无依无靠，与寡妇没有什么两样。明明是生离，却形同死别。

女子惆怅而又淳朴的情绪感染了李白，他仿照当地民歌的笔调，写下一首诗：

巴女词

巴水急如箭，巴船去若飞。
十月三千里，郎行几岁归？

纵然同情那女子，李白却也无法为她做些什么。唯有这几句诗作为馈赠，算是对她的一丝慰藉。

离开巴地，出了三峡，便是荆门。所谓荆门，是对峙而立的荆门山和虎牙山，滚滚长江水从两座山中间流过，仿佛冲出一扇门。荆门山在战国时代是楚国的西方门户。出了荆门，天地便豁然开朗，再看不见崇山峻岭，举目望去，尽是开阔的平原。

出了荆门，便意味着彻底告别了蜀地。李白这才有了一种远离故乡之感，与此同时，更有一种踌躇满志之情。

渡荆门送别

渡远荆门外，来从楚国游。
山随平野尽，江入大荒流。
月下飞天镜，云生结海楼。
仍怜故乡水，万里送行舟。

第一次告别巴山蜀水，年轻的李白对自己的锦绣前程有一番美好的憧憬。外面的世界新奇而又美好，让他充满幻想。来到这里，对峨眉山的眷恋终于渐渐淡去，心怀一腔热忱，他要热烈地追求理想中的未来。

一诗吟罢，仿佛并未尽兴，于是便再赋诗一首：

秋下荆门

霜落荆门江树空，布帆无恙挂秋风。
此行不为鲈鱼脍，自爱名山入剡中。

这里原本应是林木森森，若是夏天来到荆门山，绿叶满山。只可惜，李白是秋季而来，正逢秋来霜下，木叶凋零,山中仿佛空荡荡一般,就连江面都因此显得更加开阔。然而,李白却全然没有萧瑟之感,反而觉得一派山明水净,天地清素。可见景色是否美好,直接取决于人的心境。

遥想当年,东晋大画家顾恺之曾是荆州刺史殷仲堪幕府的参军。顾恺之曾告假乘舟东下,殷仲堪特地将布帆借给他。刚巧途中遇到大风,顾恺之便写信给殷仲堪,告诉他:"行人安稳,布帆无恙。"李白是在借着布帆,表达自己旅途平安、一帆风顺、天助人愿的期许。秋风万里送行舟,李白只觉得心情无比欢快。

据说西晋吴人张翰曾在洛阳做官,见到秋风起,便想到故乡的莼羹、鲈鱼脍,因此说:"人生贵得适志耳,何能羁宦数千里,以要名爵乎!"于是他义无反顾回到故乡。此时,刚好是鲈鱼肥美的时节,只不过李白此行的目的却与张翰不同,并非为了一饱口福而来,而是对名山的热爱。

荆州首府江陵,数年之前曾是楚国首都郢所在地。这里北去京洛,南接湘黔,西上巴蜀,东下淮阳,堪称一处交通枢纽。江中船来船往,大街上行人如织,一派繁华热闹的景象。

在这里,李白偶遇好友吴指南。吴指南是蜀中才子、李白游山玩水的好友,经常与李白相约出访名山大川,出没于崇山峻岭之中,结下了生死之交。

当时,道教大师司马承祯途经此地,吴指南知道李白向来喜欢寻仙访道,便特地将这个好消息告诉他,还拍着胸脯向李白承诺:如果李白想拜访司马承祯,他可以帮忙引荐。

　　李白大喜过望,他早就从老师赵蕤那里听说司马承祯是个传奇人物,只可惜一直无缘拜会。今日如能得见,真是幸运。

　　司马承祯的住所门庭若市,荆州当地的达官贵人纷纷前来拜见,无非是想寻求一些长生不老的秘诀。司马承祯懒得应付这些人,大多草草敷衍过去。这天,吴指南带着李白前来拜访,当司马承祯看到送进来的名帖上写着"峨眉布衣李白"几个字时,立刻吩咐弟子将二人请进来。

　　原来,司马承祯也早已听过李白的大名,此刻站在他面前的李白,与想象中的别无二致:亭亭如孤松独立,谈吐若飞泉瀑布,言辞中妙语连珠,却又一言中的。更重要的是,这个年轻人不喜欢说客套话,喜欢直来直去。他不求长生之术,只请求司马承祯赐教老庄学说。

　　司马承祯实在是欣赏李白,直夸他有仙风道骨。李白受宠若惊,那日回到住所之后,便写下《大鹏遇希有鸟赋》。

　　他再次将自己比为大鹏。大鹏鸟是自由自在、彻底摆脱了束缚的。李白的胸襟宽广,抱负远大,一腔豪迈,热爱自由,与大鹏的个性极为相像。

　　抑或可说,大鹏是李白的一种精神图腾,他将自己对自由的向往,全部寄托在大鹏身上。

"仙界"与凡间,怎生纠结

好山好水,总令人忘却此身是在人间。一面是入山成仙的夙愿,一面是立足仕途的抱负,李白仿佛站在人生的十字路口,一侧通往仙界,一侧通往凡间。

既然怎样选择都是为难,不如珍惜眼前的美景。李白与吴指南一同离开江陵,顺流而下,来到了岳州治巴陵。若是不登上岳阳楼,便等于不曾来过巴陵。因此,李白第一个要去的地方便是岳阳楼。

作为江南三大名楼之首,岳阳楼有着独特的结构、迥异的风格。整座楼共有三层,为纯木制造。从平面看,岳阳楼是个高二十余米、宽十七余米的长方形。从远处望去,便如同一只雄鹰傲立于苍穹之上。

岳阳楼勉强算得上是三国时期的遗迹。当年鲁肃曾建阅军楼,岳阳楼便是在此楼的基础上逐步发展而来的。登上岳阳楼顶,凭窗远眺,李白顿觉一股磅礴的气势扑面而来。

文人墨客最喜欢登临岳阳楼,吟诗作赋。据说,燕国公张说贬居此地时,时常登上岳阳楼赋诗。不过,引起李白注意的却并不是诗,而是三个看似毫无关联的字:"一、虫、二"。据同行的友人说,这是一位过路的老者留下的,没有人能看出这三个字背后的奥秘。

李白对着这三个字思索了半晌,终于参透了禅机。他说:"'一'者,天水一色也。'虫'与'二'加上一个相同的边,便成了'风(風)''月'二字。老者既然没有加这个边,便意味着'风月无边'啊!"说到此处,李白便叫人取来笔墨纸砚,挥毫写下"水天一色,风月无边"八个大字,落款署名为"长庚李白"。这八个字被当作短联悬挂于岳阳楼上,伴随岳阳楼历尽千年风霜,见证着那段吟风弄月的历史。

原本此次巴陵之行应是完美的,可与李白同行的吴指南却因病暴毙,死于洞庭湖上。李白伤心欲绝,痛哭失声。对李白来说,失去挚友相当于失去至亲。他穿上一身丧服,守在吴指南的尸身旁边。眼泪流尽了,双眼竟流出血来。行人从旁边路过,皆被李白的情义所感动落泪。

尸体的气味引来了山中猛虎,李白拔出腰间长剑,双目炯炯,与猛虎对峙。那一刻的他,眼神比野兽还要凶猛。为了守住好友的尸体,不要说一只猛虎,就算来上一群,他也要搏杀一番。

正逢炎热时节,李白纵然再伤心,也不得不让吴指南下葬。条件有限,事从权宜,他只得将吴指南暂时安葬在洞庭湖滨。在吴指南的坟前,李白承诺:他日归来,定将好友厚葬。

斯人已去，活着的人还要继续自己的人生。洒脱的李白并不是不为好友的死伤心，只是他并不是一个会让伤心充斥自己全部生活的人。遇到美好的事物，他便会暂时从伤心中抽离出来，全情投入快乐之中。

望庐山瀑布

日照香炉生紫烟，遥看瀑布挂前川。

飞流直下三千尺，疑是银河落九天。

李白爱山，途径庐山，自然要攀登一番。在庐山西北，有一座又尖又圆的山峰，山峰上有烟云聚散，仿佛是一座巨大的香炉，人们便称之为"香炉峰"。李白眼中的香炉峰，正冉冉地升起团团白烟，于青山绿水之间缥缈，红日照射之下，又变成一片紫色的云霞。李白将自己的浪漫完全赋予了香炉峰，在他的诗中，香炉峰的景色比现实中更美。

山壁上的瀑布是李白远远望见的，仿佛一条巨大的白练高挂于山川之间。大自然的神奇伟力，让李白啧啧称赞。山峰高峻陡峭，瀑布水流湍急，直直地飞落下去，势不可当。那气势让他想到天上银河，这般惊人魂魄，就仿佛银河从九天之上飞落到人间。

其实，李白除了创作这首经典流传的七言绝句外，还创作了相同题名的五言古诗，同样也值得细细品味：

西登香炉峰，南见瀑布水。

挂流三百丈，喷壑数十里。

欻如飞电来，隐若白虹起。

初惊河汉落,半洒云天里。
仰观势转雄,壮哉造化功。
海风吹不断,江月照还空。
空中乱潨射,左右洗青壁;
飞珠散轻霞,流沫沸穹石。
而我乐名山,对之心益闲;
无论漱琼液,还得洗尘颜。
且谐宿所好,永愿辞人间。

一路走一路看,李白又来到江夏,这里有著名的黄鹤楼、鹦鹉洲和赤壁。尤其是黄鹤楼,同样是江南三大名楼之一。据说黄鹤楼最初是一座酒楼,某日来了一位衣衫褴褛的道士,他向老板讨酒喝。老板并不是势利之人,立刻热情地奉上一杯美酒。从那天起,道士每天都来讨一杯酒喝,足足持续了半年之久。

一日,道士又来了,对老板说:"这些时日我欠你许多酒钱,没办法还,就送你一样礼物吧。"说罢,道士从怀中取出一块橘子皮,用黄色的汁液在墙上画了一只鹤。然后,道士用手打着节拍唱歌,那画中的黄鹤竟然随着节拍绕梁而飞,引得客人争相观看。

如此奇闻,一传十,十传百,从此酒楼生意兴隆,而那名道士也再没有来讨酒喝。十年之后,道士归来,吹着笛子,驾乘黄鹤而去。酒楼老板为纪念成仙的道士,便在原址建起黄鹤楼。

崔颢曾在黄鹤楼上题诗:"昔人已乘黄鹤去,此地空余黄鹤楼。黄鹤一去不复返，白云千载空悠悠。晴川历历汉阳树，芳草萋萋鹦鹉洲。日暮乡关何处是，烟波江上使人愁。"

李白反复吟诵着这首诗，只觉得意境高远，情景交融。若此刻自己写诗，恐怕难以超越。想到此处，李白竟然起了顽皮之心，即兴作了一首打油诗："一拳击碎黄鹤楼，两脚踢翻鹦鹉洲。眼前有景道不得，崔颢题诗在上头。"世人闻得此诗，皆称李白为"狂人"。

在江夏徜徉了几日，李白又匆匆赶往金陵，因为金陵是个拜谒的好去处。江南繁华，物阜民丰，朝廷在那里设置了许多重要的官职，这些官员在朝中也颇有地位。

只可惜，李白的人生总是多了那么一些"生不逢时"的背运。开元十二年（724）春，张说、原乾曜等大臣上书，请求玄宗封禅泰山。当时连年丰收，大唐一派国泰民安之景，大臣们认为这都是皇帝有德，因此提议封禅。

于是，一队声势浩大的仪仗离开京城，朝着泰山出发。唐玄宗的仪仗车队，同一种颜色的马一千匹为一个方阵，阵容空前。上山时，唐玄宗骑着一匹白骡，状极伟岸，那是益州进献的，唐玄宗非常喜爱。可是走到半路，白骡竟然死去，唐玄宗大为叹息，封其为"白骡将军"，命人在泰山上立起"白骡冢"。

这一次封禅泰山之行并不顺利。除了白骡在途中死去，天公也并不作美。当唐玄宗到达泰山西时，突然狂风大作，飞沙走石。狂风一直从中午刮到晚上，官员们居住的帐篷都被吹裂，支撑帐篷的柱子也被吹断。

宰相张说为了安抚大家，谎称是海神来迎接皇上封禅，这才让众人悬着的心渐渐平复下来。到了晚上，狂风总算停了下来，唐玄宗正准备用斋饭，突然狂风又起，气温骤降，寒气逼人。唐玄宗不敢再进食，立刻放下斋饭，站立于夜露之下，诚心向上苍祈祷，终于狂风渐渐停了下来。

金陵的几位重要的官员都一同随玄宗封禅泰山，留下来的人也没有心思看李白的文章。此番金陵之行，注定又是一场空。

于是，此时游览金陵城，李白的心中多了一抹忧愁。

金陵城西楼月下吟

金陵夜寂凉风发，独上高楼望吴越。
白云映水摇空城，白露垂珠滴秋月。
月下沉吟久不归，古来相接眼中稀。
解道澄江净如练，令人长忆谢玄晖。

那天晚上，李白独自登上金陵城西楼。他的身影有些落寞，秋日凉风瑟瑟，吹得他心底寒冷。李白很少像此刻这样，一颗心被抑郁和怅惘之情填满。他登上高处想好好望一望吴越大地，说不定能疏散心中的郁结。

他站在楼上俯视白云和倒映在江面上的城垣的影子，江面若有微波涌动，白云与城垣仿佛跟着一起轻轻摇荡起来。抬起头时，李白发现一颗露珠不知从哪棵高树上垂落。月光映照下的露珠，仿佛珍珠般晶莹，就好像是从月亮中滴出来的一样。

李白伫立在月下沉思着,久久都未曾离开。他感慨人世浑浊,知音难觅。怀才不遇的故事,他听得太多,没想到如今竟发生在自己身上。他一下子理解了古人的苦闷,也终于找到了安慰自己的理由。并非只有他一人难觅知音,自古以来那些有才华、有抱负的人都是如此。这样想着,李白仿佛宽慰了许多。

此情此景,李白突然想到一首诗:谢朓的《晚登三山还望京邑》,其中有一句"余霞散成绮,澄江静如练",令李白感慨颇多。当年谢朓遭遇排挤,被迫离开金陵,便写下这首诗,用金陵壮美的景色来抒发自己的去国怀乡之愁。

此刻的李白,十分理解谢朓当年内心的苦闷,那句"解道澄江净如练,令人长忆谢玄晖",便是在向谢朓致敬。

金陵的确是个好地方,从孙吴时起,金陵作为都城已有三百年历史。当年楚威王吞并江东,认为此地有王气,埋金以填之,并设置金陵邑。由古至今,多少人都想抢夺这块风水宝地。

谢朓曾在诗中写道:"江南佳丽地,金陵帝王州。"当年秦始皇看到金陵上空紫气升腾,认为是王气,于是"凿方山,断长垅为渎,入于江。"因为此河是秦始皇所开,便得名"秦淮河"。到了盛唐,著名的"十里秦淮"云集了大量商贾与文人墨客、王公贵族。他们最爱在这里饮酒听曲,享受纸醉金迷的生活。

太平盛世,歌舞升平,李白豁然开朗。与其自寻烦恼,不如好好享受金陵城的秦淮美景。

秦淮河畔，有许多百姓家的渔船。有人在船上招徕客人，在渔船上品尝好酒好菜，别有一番风味。

无论在蜀中还是金陵，总有许多女子嫁作商人妇，夫君远行经商，女子便独自支撑生活。在秦淮河畔，李白又遇到这样一位商人妇。在她的渔船上，李白一面品尝她的手艺，一面听她将自己的故事娓娓道来：

长干行

其一

妾发初覆额，折花门前剧。郎骑竹马来，绕床弄青梅。
同居长干里，两小无嫌猜。十四为君妇，羞颜未尝开。
低头向暗壁，千唤不一回。十五始展眉，愿同尘与灰。
常存抱柱信，岂上望夫台。十六君远行，瞿塘滟滪堆。
五月不可触，猿声天上哀。门前迟行迹，一一生绿苔。
苔深不能扫，落叶秋风早。八月胡蝶黄，双飞西园草。
感此伤妾心，坐愁红颜老。早晚下三巴，预将书报家。
相迎不道远，直至长风沙。

其二

忆妾深闺里，烟尘不曾识。嫁与长干人，沙头候风色。
五月南风兴，思君下巴陵。八月西风起，想君发扬子。
去来悲如何，见少离别多。湘潭几日到，妾梦越风波。
昨夜狂风度，吹折江头树。淼淼暗无边，行人在何处。
好乘浮云骢，佳期兰渚东。鸳鸯绿蒲上，翡翠锦屏中。
自怜十五余，颜色桃花红。那作商人妇，愁水复愁风。

女子记得，那一年她的头发刚刚盖过额头，便与自己未来的夫婿一同在门前做折花的游戏。他骑着竹马过来，她与他一同绕着井栏，互掷青梅为戏。两人便这样青梅竹马，两小无猜，一同长大。十四岁那一年，她成了他的妻，那一日，她害羞得不敢露出笑脸，只低着头对着墙壁的暗处，任凭他怎么呼唤，她也不敢回头。

　　直到一年以后，她才习惯了他们的夫妻身份，愿意此生与他共度，至死不渝。然而，甜蜜的日子只过了一年，十六岁，他便离家远行，要去瞿塘峡滟滪堆。离家之前，他在家门前徘徊许久；离家之后，那片留下他足迹的地方渐渐长满了厚厚的青苔。从此，她便最害怕看到成双成对的东西，就连看到双双飞舞的蝴蝶，都会令她触景伤情。只盼着他能早日捎来书信汇报归期，到时候哪怕路途遥远，她也一定要前去迎接。

　　说到动情处，女子回忆起自己未出阁时的光景。那时的她根本不知忧愁为何物。可是出嫁之后，却每天都在记挂着夫君。五月南风吹动，她想象夫君正下巴陵；八月西风吹起，他想象夫君正从扬子江出发。聚少离多，越想越悲，即便在睡梦中，也能梦到自己跟随夫君一同渡江而去。

　　她说，昨天夜里刮了一阵狂风，江边的大树都被吹倒了。今日白天，她望着烟波浩渺的大江，无论如何也想象不出夫君到了什么地方。夫君离家时，她才十五岁，正是桃花般嫣红的容貌，可如今，每天都过着担惊受怕的别离生活，相思之情已经渐渐摧残了她的容颜。

像这位女子一样苦苦等待夫君归来的，不止她一人。李白替她们的大好青春惋惜，写下两首乐府诗，希望通过女子们的传唱，让她们的夫君早日归来。

经历过生死，便不甘平庸

　　一卷诗书，念一世静好。若岁月慈悲，便世人无恙。江山多娇，红尘如花，春光山色，送走落幕的冬。

　　春日江南，一派明媚之景。放眼望去，山水皆是最美的图画。即便是一株小草，看上去也是令人欢喜的。

　　清风扬起漫天的飞絮，金陵的歌女早已传唱出李白的诗名。他在金陵城已经小有名气，尤其是素来喜欢吟风弄月的文人墨客、世家子弟，纷纷以能和李白结交为荣。

　　李白也喜欢交友，在金陵的这些日子，他在酣饮歌舞、结交豪雄上花了不少时间与精力，在花街柳巷之中也撒了不少银钱。

　　眼看这里不能给他更好的出路，李白决定换个地方试试。广陵离金陵不远，那里也有好山好水，说不定还能有更好的机遇。

　　临行之前，金陵子弟纷纷来为李白送行。一场送别宴办得声势浩大，当垆卖酒的姑娘一杯又一杯地献上琼浆玉液，殷勤地招呼众人品尝。李白只觉得阵阵馥郁的香气扑鼻，也不知是酒香还是柳花香。

浓浓的江南气息，令人如沐春风，有那么一刹那，李白甚至想要留下来，不再离开。更何况和前来送行的这群年轻的金陵子弟的友情也让李白十分留恋。

大家都喜欢性格豪爽、年轻富有、仗义疏财的李白。据李白自己在《上安州裴长史书》中说：

囊昔东游维扬，不逾一年，散金三十余万，有落魄公子，悉皆济之。此则白之轻财好施也。

许多落魄公子都受到过李白的接济。每到一地，李白的身边自然少不了一群朋友围绕左右。

酒到正酣，便是李白诗兴大发的时候。有人早已摆好笔墨，李白向来爽快，毫不推辞，笔走龙蛇之间，一首诗已挥笔写就：

金陵酒肆留别

风吹柳花满店香，吴姬压酒唤客尝。
金陵子弟来相送，欲行不行各尽觞。
请君试问东流水，别意与之谁短长？

此番金陵之行，虽然还是没能拜谒成功，但总体来说，李白是快乐的。在这样一个美好的时节，一个令人留恋的地方，李白却必须要离开了。朋友们还在盛情挽留，李白也的确有些依依不舍。

一诗写罢，李白突然伸手指向酒楼对面的大江说道："请你们问问那东流的江水，离情别意与它相比究竟谁短谁长？"

原本抽象的离别之情，竟然被李白用江水具象了。众人从那滔滔江水之中，仿佛看到了李白心中波涛汹涌的情感。他是有离愁的，却不愿轻易将愁绪表现出来。虽然告别的是一群知己，但李白的流别诗却写得悠扬跌宕，酣畅淋漓，丝毫不见哀伤，正如他平时的个性，青春豪迈，风流潇洒。

辞别朋友，李白出了金陵城。小船行至征虏亭一带，夜色已经降临，月色笼罩下的江中景色甚美。

夜下征虏亭

船下广陵去，月明征虏亭。

山花如绣颊，江火似流萤。

征虏亭是东晋时期征虏将军谢石所建造的，是当时的一大名胜。李白乘坐小舟从征虏亭经过，回首仰望征虏亭，只见高高的古亭在月光映照下，轮廓格外分明。月光明亮，灿烂的山花清晰可见，如同少女的面颊覆盖朦胧的月色，更显绰约多姿。

万家灯火倒映在江面上，与江上的点点渔火交相辉映，闪闪烁烁，迷迷茫茫，好似无数萤火虫在江上飞来飞去。可见此刻的李白心情是愉悦的，小舟徜徉，皓月当空，波光潋滟，处处都令人心情松弛。

广陵虽不是帝都，却也同金陵一般繁华。在这里，李白四处拜访名流，却始终遇不到肯真心帮他的人。无奈之下，他只得寄情于山水，去往越州。

越中览古

越王勾践破吴归,义士还家尽锦衣。

宫女如花满春殿,只今惟有鹧鸪飞。

越州是春秋时代越王勾践的领土。当年勾践卧薪尝胆,大败吴国,得胜后班师回朝。站在越州的土地上,李白可以想象出当年越国战士凯旋的盛大场景:旌旗如林,锣鼓喧天,越王勾践在文台上置酒,大宴群臣,脸上满是得意之色。越州处处可见脱去铠甲、身穿锦衣的士兵。二十年的羞辱终于一朝洗净,大家不仅有战争胜利的欢欣,更有扬眉吐气的酣畅。

战胜吴国的越国,一度称霸一方。洗尽屈辱的越王勾践,从此身边美女如云,坐拥享不尽的荣华富贵。当年为了战胜吴国,越王勾践采纳文种的建议,将苎萝山女子西施献给吴王,使吴王迷恋声色,消磨意志,不知防范,越国军队遂乘虚而入。可是胜利后的勾践呢?却重蹈覆辙,犯了和吴王一样的错误。即便拥有了繁华,又能持续多久?

每一个王朝的统治者都希望他们的富贵荣华是子孙万世之业,可是却没有任何一个朝代能永恒称霸。今日繁华,未必来日就不凄凉。李白越发感慨,像他这般有才学之士,拜谒却处处碰壁,如今的盛唐王朝不懂用人,他担心会像旧时王朝一样走上衰落的道路。

苏台览古

旧苑荒台杨柳新,菱歌清唱不胜春。

只今惟有西江月，曾照吴王宫里人。

从越州返回广陵，途径姑苏台，那是当年吴王阖闾修建的，后经他的儿子夫差又增修了五年乃成。吴王夫差在那里终日花天酒地，不理朝政。吴国被越国打败时，吴国太子友将姑苏台焚烧。李白眼中所见的姑苏台已经不复昔日苑囿台榭之景。那里虽然依旧杨柳青青，春色无边，但对比昔日的繁华，如今只剩落寞。

李白的这次吴越之行有些伤感，回到广陵之后，李白不是去酒楼一醉方休，就是去赌场一掷千金，不到一月时间，已经散金三十万。

一天晚上，李白半夜醒来，发现地上一片白色，仿佛下了一层霜。那是明月在地上投下的清冷银辉，抬头看着天上的月亮，李白有些想家：

静夜思

床前明月光，疑是地上霜。

举头望明月，低头思故乡。

广陵并非李白的幸运之地，当钱财散尽，一场大病又袭来。昔日的那些酒肉朋友见他穷困潦倒，纷纷避之不及。他第一次深刻体验到人世间的世态炎凉，也对自己的任侠生涯进行了一番自省。

人在病中更加思念故友。于是李白带病给老师赵蕤写去一封信：

淮南卧病书怀寄蜀中赵徵君蕤

吴会一浮云，飘如远行客。

功业莫从就,岁光屡奔迫。
良图俄弃捐,衰疾乃绵剧。
古琴藏虚匣,长剑挂空壁。
楚冠怀钟仪,越吟比庄舃。
国门遥天外,乡路远山隔。
朝忆相如台,夜梦子云宅。
旅情初结缉,秋气方寂历。
风入松下清,露出草间白。
故人不可见,幽梦谁与适。
寄书西飞鸿,赠尔慰离析。

病中多思,李白觉得自己就像飘浮在吴会一带的浮云。光阴飞逝,他却功业未就,空有一番远大抱负,却成为泡影,自己又重病缠身。壮志难酬,令他异常苦闷。

二十七岁的李白依然涉世未深,他对于政治的理解还有些幼稚。他以为自己身怀济世之才,必能成就一番功名事业。可现实远比他想象中残忍百倍,接二连三地碰钉子,难免让他失望,也更加思念故乡和亲友。

这次重病让李白在生死边缘走了一遭。好不容易康复了一些,他的豪情又慢慢找了回来。只不过他终于认清自己当初的那些侠义之举,实在没什么意义。人心凉薄,只有经历过坎坷,人才能变得成熟。

然而,侠义是李白骨子里的本性,是无法丢弃的。对那些真正的朋友,他还是肝胆相照。对于权贵,他依然正直傲然,宁折不屈。并用自己的诗笔反映百姓疾苦。经历过金陵、淮扬之行，李白也正式完成由一位行为游侠向精神义侠的转变。

第二章

奔走江湖・朝作猛虎行，暮作猛虎吟

任理想气吞山河

又是一年暮春，夜晚的风依然还带着初春时节的凛冽。大病初愈的李白乍然置身春寒料峭之中，不免打了一个寒噤。一轮新月挂于夜空，洒下一片温柔的银辉。悠悠的河水轻摇着岸边的小船，静谧得让人想打个盹儿。

李白遥望着家的方向，沉默不语。他很少像此刻这般忧郁，人在生病时总是比平常脆弱些，就连一向狂放不羁的李白也不例外。离家这两年，李白积攒了丰富的阅历，足迹也遍布江淮吴越，快意人生，广结知己。

然而，欢愉过后总是惆怅，这才是真实的人生。李白的一腔志愿还在积极入仕上。他为此四处拜谒名人，寻找能慧眼识珠的伯乐，给他一个匡君济世的机会。只可惜功名终究不是易得之物，尤其是大病一场，看透了世态炎凉之后，李白竟然那样强烈地渴望回家。

内心几番争斗之后，李白终于踏上了归家的路。然而，当途径安陆涢水之滨的平陵渡时，李白却停下了回家的脚步。

美丽的山水，永远是李白心之所向。安陆的夜，别有一番意境，两座山峰南北相对而立，青雾缭绕，原本刚硬的山景，却萌生了几许朦胧的柔美。李白觉得这便应该是仙人居住之所，于是游兴大发，打算第二天一早去山中探访。

清晨的安陆，那样幽静。一条平坦的小道直通远处的山峰。"云梦者，方九百里，其中有山焉。其山则盘纡茀郁，隆崇嵂崒，岑崟参差，日月蔽亏。交错纠纷，上干青云。罢池陂陀，下属江河……"那是小时候父亲教李白念诵的《子虚赋》，此刻吟诵，竟如此应景。

《子虚赋》中描写的云梦七泽，是李白自幼便痴迷的美景，没想到如今竟真的来到云梦之地，多年的夙愿终于一朝得偿。在安陆，李白徜徉了多日，从当地人口中得知，西南方向的山叫白兆山，山脚下住着安陆一代最为显赫的名门望族许家；东北方向的山则叫作寿山，风景秀丽，道观颇多，远近闻名。

向来喜欢寻仙访道的李白一听说寿山遍布道观，立刻来了兴致。他打算去寿山暂居几日，将之前的愁苦之情释放于山水之间。

对于李白来说，这是一段休养生息的恬静时光。曾经叱咤了两年光景，忽然遇到这样一段宁静的时光，他仿佛更清晰地听到了自己内心的声音。这段岁月不是归隐，而是蛰伏，是为了有朝一日更好地复出。

寿山的瑰丽与奇绝，就连如李白这般游遍山水的人都不禁赞叹。虽然寿山高不过百丈,却能与昆仑相抗衡,在江淮一带,寿山俨然是远近闻名的奇山。

安陆当地的名流义士,听说大名鼎鼎的李白到来,纷纷前来与之交好。李白的人生注定是不孤独的,在安陆的这段岁月,他几乎日日受邀赴宴,蔡十、廖侯、李幼成、李令问等当地名流争相设宴邀请李白。

因为李白的到来,安陆城中的酒价飞涨,甚至有些酒商囤货居奇,待价而沽。李白从不在意这些,生时有酒喝,便是快意人生。

那时,孟浩然已名扬天下了,李白久闻大名。一日,李白听说孟浩然就在城东南的鹿门山中隐居,高兴不已,决定前去拜访。

鹿门山原本叫作苏岭山,据说当年东汉光武帝与近臣在此梦见神鹿,于是建寺纪念,苏岭山才被更名鹿门山。

李白记得,孟浩然曾在诗中写道:"……渐至鹿门山,山明翠微浅。岩滩多屈曲,舟楫屡回转。"来到鹿门山近前,李白越发赞叹鹿门山的秀丽清幽,果然是一处适合隐居的宝地。

来至孟浩然门前,李白恭恭敬敬地呈上自己的诗作,孟浩然出门来迎。二十七岁的李白气宇轩昂,年长李白十二岁的孟浩然气韵超然,只需一见,两人便已认定彼此能成为一世的挚友。从此,两人便以兄弟相称。孟浩然待李白热情备至,将他留在家中住了十多天。

孟浩然与李白一样,也是无酒不欢之人。只是孟浩然饮酒时比李白更加精致,讲究喝什么酒用什么杯。在孟浩然看来,这是"金鞍配好马,好杯盛好酒"。

若是饮高粱酒,便要用青铜杯,因为酿酒术是夏禹时期的仪狄所发明的,当时酿造的便是高粱酒,因此高粱酒是最古老的酒,用青铜杯更能感受古人初次饮酒时的心境;若是米酒,无论多上等,味道虽美,却甘甜不足,稍显寡淡,必得用大碗豪饮,方显英雄气概;若是汾酒,则必得用玉器,"玉碗盛来琥珀光",酒与玉交相辉映,既赏心悦目,又齿颊留香。

酒逢知己,千杯也少。在孟浩然家逗留的这十几日,两人几乎日日酣饮。临别之时,孟浩然将李白送到门口。回想这十几天朝夕相处的感情,李白有些舍不得告别。他决定留下一首诗,算作自己留给孟浩然的纪念:

赠孟浩然

吾爱孟夫子,风流天下闻。
红颜弃轩冕,白首卧松云。
醉月频中圣,迷花不事君。
高山安可仰,徒此揖清芬。

单是"吾爱"两字,便已将李白对孟浩然的亲切挚肯之情表露无遗。他并非在刻意奉承,而是字字句句皆出自真心。孟浩然比他年长十二岁,在李白心目中,孟浩然亦师亦友,他襟怀磊落,生性潇洒,又诗才出众,能让李白真心敬服,所以才不吝以"夫子"相称。

天下人皆知孟浩然的大名,却唯有李白能真正感受到他潇洒清远的风度,以及超然不凡的文学才华。世人都在忙着追求高官厚禄、车马华服,孟浩然却甘愿成为一名隐士,这般高风亮节,李白自叹不如。李白虽然也喜欢寄情于山水,却并未放弃对仕途的追求,于是,他打从心底里羡慕孟浩然,羡慕他的淡然,享受着皓月当空、把酒临风的快意人生。

李白就这样率真而又直白地表达自己的友情,值得庆幸的是,李白的人生中的确有几位称得上挚交的友人,孟浩然是一个,元丹丘也是一个。

隆冬将至,元丹丘的一封来信让在安陆隐居了多日的李白蠢蠢欲动。元丹丘在信中说,紫阳道人正在神农故里讲道,紫阳道人年轻时曾拜天下最负盛名的天师李含光为师,潜心修道,颇有慧根。学成之后,紫阳道人回到故乡随州,引起轰动,当地达官显贵拜见紫阳道人时,也都毕恭毕敬。从此,紫阳道人广传道法,名扬盛唐,当时"南抵朱陵,北越白水",前来拜师学道的弟子达三千多人。元丹丘便是其中的佼佼者,这一次,他想把李白推荐给紫阳道人。

李白找不到任何不去的理由,他将元丹丘当成自己的异姓兄弟,两人不仅志趣相投,品行更是相近。因此,在李白的生命中,元丹丘是最重要的人之一。

在元丹丘的引荐下,李白终于见到了天下闻名的紫阳道人。紫阳道人作为东道主,为风尘仆仆赶来的李白设下宴席。宴席摆在餐霞楼,就连当地最高级别的行政长官汉东太守都被请来作陪。

李白生来便是一副谪仙模样,紫阳道人与李白一见如故,从讲经论道谈到诗词抱负,相谈甚欢,酒至正酣,紫阳道人吹起笛子,李白吹起玉笙,清丽之声与婉转之音碰撞出仙乐般的曲调。在座众人听到如此美好的乐声,不禁忘情,就连汉东太守似乎都忘记了自己的身份,借着酒意竟随着乐声翩然起舞。

身着华服的汉东太守舞起来憨态可掬,平日里威严的样子全然不见,众人也被他的情绪感染,纷纷拍手叫好,酒兴更浓。天色虽晚,却无人想要散场,就这样一杯接一杯饮下去,最后所有人都醉卧当场。

李白只在恍惚间记得,汉东太守亲手将自己的锦袍披到了他的身上。当李白醒来时,发现自己竟然枕在汉东太守的大腿上,而汉东太守却还在呼呼大睡,这边地上睡着的,竟是德高望重的紫阳道人。可见,在知心人面前,可以忘记身份和地位,展示出自己最松弛的状态。

……
  相随迢迢访仙城,三十六曲水回萦。
  一溪初入千花明,万壑度尽松风声。
  银鞍金络到平地,汉东太守来相迎。
  紫阳之真人,邀我吹玉笙。
  餐霞楼上动仙乐,嘈然宛似鸾凤鸣。
  袖长管催欲轻举,汉东太守醉起舞。
  手持锦袍覆我身,我醉横眠枕其股。

  当筵意气凌九霄，星离雨散不终朝，分飞楚关山水遥。

  ……

  这便是李白在《忆旧游寄谯郡元参军》中所记载的当时纵情欢乐的场景，直到多年以后回味，依然历历在目。那场且歌且舞的欢宴，让人忘记约束，忘记尊卑，只畅谈诗酒与抱负，美好得那样纯粹。

  冥冥之中，似乎总有一只无形的手在指引着李白的人生。因为元丹丘，李白与紫阳道人结成忘年交；因为紫阳真人，李白遇到了生命中第一段爱情，也成就了他第一段婚姻。

  李白初来安陆时，听说已故宰相许圉师的宅邸就位于白兆山下。许圉师，进士出身，在唐高宗龙朔年间官至左相，当地百姓对他颇为尊敬。虽然老宰相如今已经故去，但许家在安陆仍是名门望族。老宰相的孙女许紫烟正值嫁龄，许家为了紫烟的婚事已经甄选了许久，只盼能为她寻找到如意郎君。

  或许是缘分使然，李白与许紫烟曾有过一面之缘。紫烟出生于书香世家，性格端庄沉静，袅袅婷婷，正是女孩儿最美好的样子。那短暂的一面，李白便已经对紫烟的音容笑貌铭记于心，只不过他一心追逐自己的梦想，对儿女情长之事不愿花太多心思。

  许家人早就听闻李白的盛名，对他的文采颇为称赞。当见过李白本人之后，更对其超尘脱俗的俊逸外形赞叹不已。他们暗暗征询了紫烟的意见,当确定紫烟对李白也有好感之后,便特地设宴邀请李白。

席间,许家人委婉地表明了心意,李白虽对紫烟颇有好感,却沉吟着没有立刻答应这门婚事。纵然豪放如他,也知道自己一介白衣的身份,怕辜负了这位好姑娘。更何况如今的他家财散尽,父母远在故乡,无人为自己的婚姻大事作主。

紫阳道人得知此事后,立刻与"群都马公"马正公一同前往许家为李白提亲,撮合两人的好事。如此,终于成就了一段佳话。

宰相孙女出嫁,必然风光大办。淮阳一带几乎所有名流高士都前来道贺。李白与紫烟可谓一双璧人。一个英姿勃发,气宇轩昂;一个娴静端庄,青春貌美。世人皆说,这是上天成就的姻缘。

山中问答

问余何意栖碧山,笑而不答心自闲。

桃花流水窅然去,别有天地非人间。

这便是李白新婚后的心境,紫烟是相府的大家闺秀,被诗书浸染出高雅的气质。她和李白相敬如宾,又有共同语言,闲来无事,两人不是吟诗抚琴,便是同游深山。他们最喜欢去家门口的白兆山,那里有一处桃花岩。清晨到达那里便能嗅到晨露花香。伴着花香鸟鸣,李白将自己二十几年的人生向紫烟娓娓道来。紫烟看着他的眼神总是带着崇拜,她从未走出家门远游,李白口中的那个世界,于她来说，或许是此生都见不到的风景。

当听到李白四处拜谒碰壁的经历时，温柔的紫烟双眼噙满泪水。她不知如何安慰，只是温柔地握着李白的手，给予他自己能给的最大温暖。

如此姣美而又善解人意的妻子，让李白甘愿隐居在安陆。有人曾问他隐居此地的原因，他只笑而不答，一切深意都在他的笑容当中，唯有他自己能够体会，安陆这一方天地有着超越人间的安逸闲适。

栖息于凡间的鹏鸟

又一年桃花开尽，光阴匆匆，带走多少青春。栖息于山中的日子虽满是闲情逸致，然而夜深人静之时，又难免叹息大好光阴白白逝去。

偶尔，李白的眉头会紧锁，那是他在为自己浪费的每一寸光阴而懊恼。他本该是一只遨游长空的大鹏鸟，却因为飞得太累，在人间栖息。只是若栖息的时间久了，安逸的日子会让这只大鹏鸟忘记飞翔，那一鸣惊人的梦想最终也只能是梦想而已。

因日子安逸而心生隐忧的，不止李白一人。当李白最初决定隐居安陆的时候，他的好友扬州孟少府曾写来书信，表达了对李白隐居想法的担忧。孟少府了解李白的志向，却也怕他因为寄情于山水而从此消沉。如果李白只将自己的一腔才华用在吟咏山水上，孟少府会觉得有些可惜。

于是，孟少府在信中用了一些激烈的言辞，甚至责备李白蹉跎岁月，胸无大志。他希望用这种方式激励李白，让他重新寻找自己的仕途。

不得不说，孟少府是成功的。读罢这封信，李白胸中的热血再次沸腾。他即刻提笔回信，便是文章《代寿山答孟少府移文书》。

李白在信中将自己化身为寿山，以寿山的名义回复了孟少府的指责。他用寿山虽无名却奇伟秀丽来隐喻怀才不遇的自己，并再三向孟少府申述从未放弃自己高远的理想。

隐居的岁月里，李白从未逃避。新婚宴尔的甜蜜，也从未消磨他的斗志。他向来知道人生不会永远一帆风顺，那些经历过的风浪终究会成为生命的积淀。只是他需要暂时冷静下来，潜心修行自己。若有朝一日机会降临，他必像古时的圣贤一样扬名于世。

虽然李白在安陆过着隐居的生活，交往的却大多是当地的名流高士。当初与元丹丘一同拜谒"群都马公"马正公时，他就对李白大加欣赏，不仅特别设宴款待，还邀来长史李京之、主簿魏洽等人作陪。

席间，马公将李白的诗作传给众人欣赏，博得了一片赞美之词，他当即向李白敬酒致意。

豪爽直率的李白也从不刻意掩藏自己的喜悦。当有人称赞，他便坦然接受，杯酒饮下，豪爽谢过，从不拘泥于那些繁文缛节。

几杯酒下肚，李白的情绪越发激动。他将自己对政治的见解高谈阔论一番，并不讲辈分尊卑，将在座的众人皆视为平辈。然而，却并非人人都能接受李白的个性，长史李京之便是头一个对李白大为不满之人，只是碍于马公的面子不好发作。

一场宴会,表面上谈笑风生,气氛融洽,背地里却暗潮汹涌,不知不觉间,李京之对李白已打下心结。

某一日,李白与元丹丘等好友在一起彻夜长谈豪饮直到清晨。散场时,李白依然带着几分醉意,他悠闲地骑在马上,回味着刚才的欢聚,看眼前朦胧的朝霞氤氲,不知不觉一阵睡意袭来,突然一阵大喝声传来,将睡意蒙眬的李白彻底惊醒。

原来,前方不远处便是一辆官府的车,车里面坐着的,便是长史李京之。按照当时的礼仪,平民百姓遇到长史级别的朝廷命官,须在十丈开外回避退让,可李白竟在睡眼蒙眬之间直愣愣地走到了长史大人的车驾前,冲撞了他。

惊骇之下,李白的酒醒了大半,车内的长史李京之早就对李白不满,这次终于找到了训斥他的理由。一番狠狠的呵斥之后,李京之总算出了那日宴席上没能出的气。李白深知,长史大人对自己的印象直接影响自己将来的仕途,纵然不愿卑躬屈膝,也不得不想方设法替自己申辩一番。

思前想后,李白仔细揣度字句,写下一篇《上安州李长史书》,还特地在文后附上《春游救苦寺》《石岩寺》《上扬都尉》三首诗,来彰显自己的文采,期盼李长史会因为自己的才华而宽宥一二。

可惜,尽管李白在文中极力表示自己的诚意与惶恐,却还是难掩与生俱来的放荡不羁与傲岸自负,写下一个不卑不亢的结尾:

>陆机作太康之杰士,未可比肩;曹植为建安之雄才,惟堪捧驾。天下豪俊,翕然趋风。白之不敏,窃慕余论。何图叔夜潦倒,不切于事情;正平猖狂,自贻于耻辱!一忤容色,终身厚颜。敢昧负荆,请罪门下。倘免以训责,恤其愚蒙,如能伏剑结缨,谢君侯之德。

他的不卑不亢,偏偏是官僚们最不喜欢的姿态。于是,这注定又是一次失败的拜谒,就连当初极力称赞李白的马公,也因为李白冲撞长史李京之一事,不再有任何举荐。

好在温柔的紫烟,总能让他的心安定下来。一日,紫烟在房中轻声拨弄着婉转的琴音,李白兴之所至,提笔写诗:

长相思

>日色欲尽花含烟,月明欲素愁不眠。
>赵瑟初停凤凰柱,蜀琴欲奏鸳鸯弦。
>此曲有意无人传,愿随春风寄燕然。
>忆君迢迢隔青天。
>昔日横波目,今作流泪泉。
>不信妾断肠,归来看取明镜前。

他本想借此诗向紫烟表达自己的爱意,紫烟却莞尔一笑,声音清脆地吟道:"看朱成碧思纷纷,憔悴支离为忆君。不信比来长下泪,开箱验取石榴裙。"

看着紫烟眼中盈盈的笑意,李白也笑了起来。他庆幸自己有这样一位解风情的妻子,却又因为熟读诗书,听出了这首《长相思》与武后的大作《如意娘》词句相近，意境重合。李白虽有些小小的尴尬，却对紫烟产生了更多的爱意。

又是春节将至，到了各家各户祭祀祖先的日子。李白父母健在，原本无须为这样的日子伤感，然而当看到有人替家人迁坟修墓的时候，李白突然想起了当年客死异乡的好友吴指南。当时吴指南暴毙，李白只得匆匆将他葬在洞庭湖边，如今李白生活安定，便打算前往洞庭湖好好替吴指南修葺一下坟墓。

春节刚过，李白便辞别紫烟和岳父一家，前往洞庭。沿途经过江夏，正巧遇上故人蔡十。得知李白此行的目的，蔡十也深受感动，决定陪李白一同去洞庭湖改葬吴指南。

三年前的今天，李白还与吴指南一同在洞庭湖畔快意人生；三年后的今日，吴指南坟头的杂草已经长得老高。因为许久无人祭拜，吴指南的坟前有些荒凉，李白心中一阵酸楚，险些抑制不住眼泪。

他强忍伤心，亲手拔去坟前的那些杂草。李白此行的目的并非只是扫墓，而是要为吴指南改葬。他将坟墓扒开，发现吴指南尸体的筋肉尚在。此情此景，李白再也控制不住泪水，他对着好友的尸骨号啕痛哭起来。男儿之泪从不轻易流，李白的恸哭让一旁的蔡十也忍不住落泪。

李白亲手用宝剑将吴指南尸体上的筋肉剔除，又借着湖水将尸骨洗净，虔诚地用白布裹好，徒步带到江夏，正式将其安葬，并立墓碑，终于对昔日的好友有了一番交代。

在吴指南的新碑前面，李白洒下一杯酒告慰好友。曾经的吴指南，与李白一样胸怀远大抱负，年纪轻轻便离开这个世界，空留遗憾。李白将吴指南的梦想一同承担了下来，他更加觉得若是不能有一番作为，不只对不起自己，更对不起未老先死的好友。

李白终于了却了多年的心愿，蔡十也决定返回故乡云梦。想到蔡十这几日的陪伴，与自己一同经历了生命中如此重要的一个过程，李白感动不止。为表自己的送别之情，他写下一篇《早春于江夏送蔡十还家云梦序》：

> 吾观蔡侯，奇人也。尔其才高气远，有四方之志。不然，何周流宇宙太多耶？白遐穷冥搜，亦以早矣。海草三绿，不归国门；又更逢春，再结乡思。一见夫子，冥心道存，穷朝晚以作宴，驱烟霞以辅赏。朗笑明月，时眠落花，斯游无何，寻告睽索。来暂观我，去还愁人。乃浮汉阳，入云梦，乡枻云叩，归魂亦飞。且青山绿枫，累道相接，遇胜因赏，利君前行。既非远离，曷足多叹？秋七月，结游镜湖，无愆我期，先子而往。敬慎好去，终当早来，无使耶川白云，不得复弄尔。乡中廖公及诸才子，为诗略谢之。

送别蔡十，李白并没有返回安陆的打算，因为他听说孟浩然正巧途经此处，心中喜不自胜，打算留在此地与故人重逢。

阳春三月，正是春光明媚之时，自从上次鹿门山一别，已过去一年。李白经常怀念与孟浩然秉烛饮酒赋诗的那几日,故人重逢,自然少不了痛饮一番,这一次,他们特意将饮酒的地点选在黄鹤楼。

孟浩然从李白的眉宇之间隐约看出一丝愁容,所谓知己,便是如此,在孟浩然面前,李白无须隐瞒,他向孟浩然讲述了自己因骑马冲撞了长史李京之的车轿,又写认罪书赔罪,最终却没能被举荐的事。

刚刚经历一场科举考试失败的孟浩然,除了安慰,也无法为李白做更多事情。他知道李白生性洒脱,纵然忧愁也不过转瞬即逝。孟浩然端起酒杯,与李白喝个痛快。

第二日,两人又相约在一处街边酒肆饮酒。酒兴正浓时,忽然听到一阵女子的哭声。那女子哭得悲切,当垆卖酒的店家女子在一旁柔声安慰。从两名女子的言谈之间,李白和孟浩然听出,原来那名哭泣的女子是来寻找自己经商的丈夫的。自从两人成婚以来,她的丈夫几乎没有在家中停留过一日,一直在四处奔波经商。当年,她的丈夫下扬州时,她在黄鹤楼为他送行。丈夫说好一年就回来,可是转眼三年已逝,丈夫却杳无音信。

女子每日愁得茶饭不思,尤其是看到当年与丈夫一同外出经商的东邻西舍都先后还乡了,她的内心更加煎熬,不知道自己的丈夫如今身在何方。就算她想给丈夫写信,都不知该寄往何处。于是她便来到当年送别丈夫的黄鹤楼,想打听一下附近的居民是否曾见过西江来的商船。

李白与孟浩然所在的酒肆,是一对年轻的小夫妻在经营,那女子刚好打听到这里。眼见当垆卖酒的女子,因为有丈夫相伴,容颜娇俏秀美。再看自己,形单影只,好不凄凉,竟然就这样在陌生人面前痛哭失声。

同是女子,酒家女子更能理解那商妇的苦楚。商妇啜泣着讲述起自己少女时的光景,未嫁之时,她也曾幻想早日嫁个乘龙快婿,却从未想过嫁给一个商人会如此凄苦。与其像这样独守空房,倒不如当初嫁给一个轻薄少年,至少也能与他朝夕相随,不至于像现在这般长期忍受夫妻别离之苦,白白浪费大好青春容华。

自从李白离开蜀中,一路上见到太多这样的女子。嫁给商人,便意味着必须忍受长久的别离。若家境好一些,至少还能衣食无忧;若家境差一些,还要抛头露面外出做工,赡养家中的父母。

一声叹息,是李白给予商妇的同情。一首长诗,是李白在以女子的口吻讲述着商妇的凄苦:

江夏行

忆昔娇小姿,春心亦自持。

为言嫁夫婿,得免长相思。

谁知嫁商贾,令人却愁苦。

自从为夫妻,何曾在乡土。

去年下扬州,相送黄鹤楼。

眼看帆去远,心逐江水流。

只言期一载,谁谓历三秋。

使妾肠欲断,恨君情悠悠。

东家西舍同时发,北去南来不逾月。

> 未知行李游何方,作个音书能断绝。
> 适来往南浦,欲问西江船。
> 正见当垆女,红妆二八年。
> 一种为人妻,独自多悲凄。
> 对镜便垂泪,逢人只欲啼。
> 不如轻薄儿,旦暮长相随。
> 悔作商人妇,青春长别离。
> 如今正好同欢乐,君去容华谁得知。

他忽然有些想念紫烟,不知自己在外的这段时间,紫烟是否也像那商妇一样感受到独守空房的悲凉。李白决定,辞别孟浩然之后,便立刻返回安陆。

安能摧眉折腰事权贵

烟花三月,李白即将面临又一次离别。在这春意最浓的时节,孟浩然即将作别黄鹤楼,顺着长江而下。于是,在李白看来,这一次离别并没有太多伤感,在如此繁盛的时代、浪漫的季节,两个风流潇洒的诗人,即便分别也要充满诗意。

李白生性浪漫,他几乎可以想象出孟浩然接下来一路将要遇到的美好。之前与李长史之间发生的那些不快,已经随着向孟浩然的一番倾诉而消散殆尽了。此刻的李白,再无任何忧愁,他眼中的世界,又变得如黄金一般美好。

黄鹤楼送孟浩然之广陵

故人西辞黄鹤楼,烟花三月下扬州。

孤帆远影碧空尽,唯见长江天际流。

虽是送别,但李白的那颗心却已经随着孟浩然踏上了旅程。他站在岸边,目送着他,望着远去的船帆,一直到帆影模糊,消失在碧空的尽头。眼前早已不见帆影,只见一江春水浩浩荡荡地流向远处水天交接之处,是到了该回家的时候了。

温柔的紫烟,已在家中等待了许久。她总能让李白漂泊的心踏实下来,与紫烟朝夕相处的日子,李白又重新找回了内心的宁静。

女儿的出生,让他们的小家更添几许欢乐。第一次做父亲的李白,欣喜若狂。他捧着那粉妆玉琢的小脸亲个不停。平阳,意味一生太平,和煦如阳,这便是他期望女儿拥有的人生。"平阳"二字,就这样成了女儿的名字。

白兆山桃花岩上,一袭悠闲的身影正俯身岩上,手中的毛笔刷刷点点,书写出轻快的节奏:

安陆白兆山桃花岩寄刘侍御绾

云卧三十年,好闲复爱仙。
蓬壶虽冥绝,鸾鹤心悠然。
归来桃花岩,得憩云窗眠。
对岭人共语,饮潭猿相连。
时升翠微上,邈若罗浮巅。
两岑抱东壑,一嶂横西天。
树杂日易隐,崖倾月难圆。
芳草换野色,飞萝摇春烟。
入远构石室,选幽开上田。
独此林下意,杳无区中缘。
永辞霜台客,千载方来旋。

这一年,李白整整三十岁。虽然是入赘,但生性豁达的李白并不在意,不拘泥于这些小节。家庭的美满,让他暂时忘却了仕途上的不顺。多年拜谒失利也被他视为一种享受，因为这样自己才能过上隐居安逸的生活。

他将自己悠然的心境写成诗，寄给远方的好友。他要让好友知道，自己独爱白兆山桃花岩这一片净土，在这里，他可以卧云窗而眠，可以与对岭的人共诉家常。他爱这里风景的奇绝，爱这里生活的幽静，甚至时常有一种与世事隔绝之感。若是真的能就此仙去，此生也算是无憾了。

然而，白兆山终归不是仙境，走出山中，还是要面对现实。偶尔，李白也会从过去的经历中积累一些感悟，尤其是通过长史李京之对自己的厌恶之事，李白更加坚定，好男儿必须闯出一番广阔的天地，才能让不识才的人彻底折服。

当初写下那篇请罪文，李白是迫不得已。他虽然渴望通过李京之的引荐走上仕途，却打从心底厌恶李京之这般势利之人。可造化弄人，越是像李京之这样的人，越是在官场上吃得开。没过多久，李京之竟然升迁了，李白为此足足气愤了好几日，他替朝廷感到可悲，竟然如此重用这样的势利小人。

他期待下一任长史的到来，他不相信天下所有的官员都像李京之一样势利。

继任长史姓裴，是个大名鼎鼎的人物，百姓们为他编了歌谣："只需裴公一句话，胜似大比登高科。"这句民谣给了李白一个希望，或许裴长史会是那个慧眼识珠的伯乐。

开元十八年（730）八月初五，正逢唐玄宗四十五岁寿辰,也就是"千秋节"。这一天,皇帝会与民同乐,在京城中大宴百官,各州县的官员也会在朝廷的允准下,在各自的就任地点大庆三天。

对于皇帝和官员来说,这是与民同乐的日子;对于文人志士来说,这也是难得的拜谒机会。刚刚到任的裴长史,早就听说李白的大名,在拟定宴请人员的名单时,特意加上了李白的名字。

收到裴长史的邀请函,李白心中的希望之火重新点燃。当年在李长史那里受到的屈辱,依然让李白胸中燃烧怒火,他一直在憋着一口气,渴望有朝一日剑指长安,得偿夙愿。

在宴席上,李白第一次见到了裴长史。曾经,他是李长史眼中的粗鲁文人;如今,他却是裴长史的座上宾,此中滋味,唯有李白自己能够体会。

宴席过半,裴长史终于顾得上和李白说话。他先是称赞了一番李白的文采,之后又称赞李白的剑术。裴长史早就听说李白自幼研习剑术,希望今日能在宴席上展现一番。

李白从来都不是扭捏作态之人,既然裴长史想看,便爽快地拿起宝剑在宴席中央的空地上舞起剑来。能文能武,方是豪侠本色,那一天的李白,在宴席上出尽了风头,他的诗文也顺理成章地送到裴长史的面前。

裴长史的确与李长史不同,他欣赏李白的狂傲不羁,也欣赏他的飞扬洒脱。李白的为人,在裴长史心中一点一点地加分,然而,李白在安陆定居的这段岁月,因为狂放的个性无意中得罪了一些小人。渐渐地,一些带着恶意中伤的评论传到了裴长史的耳中。

起初,裴长史对这些言语并不在意,可听得多了,却难免走心。

一日,李白到城外散步,在途中偶遇一位得道高僧。李白与僧人志趣相投,不知不觉交谈了许久,以至于忘记了时间。谈兴正浓的李白忽然回过神来,原来已是日暮时分,再不赶回去,城门就要关了。

紧赶慢赶,李白还是迟了一步,城门在一刻钟之前关闭了。城外没有住宿的地方,如果今晚不能进城,就只能在门外站到天亮。情急之下,李白只好报出已故老宰相的名号。他向来不愿意借老宰相的身份抬高自己,可今天这种情况,他不得不向看守报上家门,自己是老宰相的孙女婿,并且如实解释晚归的原因。

看在已故老宰相的面子上,城门看守勉强给李白放行。在无心人看来,这不过是一件寻常小事;可在有心人看来,这却是一个编派李白的好机会。

当这件事传到裴长史耳中时,已经演变成李白整日只知道喝酒取乐,出城寻花问柳,与风尘女子暧昧不清,还动不动打着已故老宰相的名号欺压他人的恶劣行为。还有人说,李白之所以入赘许家,就是因为败光了家财。如此种种的话听得多了,裴长史也不禁开始怀疑李白的为人。

虽然李白才华横溢,但他狂放不羁的性格实在不适合入官场。若是有朝一日李白惹出祸来,直接受牵连的就是引荐他入仕的人。想到这里,不管李白是否真的如传言中那般不堪，裴长史都已经放下了举荐他的念头。

　　李白原本还满怀热忱，期待着裴长史时常召见自己，增进对他的了解。可是不知为何，裴长史对他渐渐冷淡了下来。李白索性主动上门求见，裴长史也闭门不出。纵然不拘小节，李白也能看出其中微妙的变化。当得知有一群小人在捏造事实，编派自己的时候，李白愤怒地写下一篇《上安州裴长史书》，托人呈送到裴长史面前。

　　他在文中申述自己并非败光家财，而是轻财重义，乐善好施，同时阐述自己过往的种种品行，辩解自己是遭受诽谤谗言，蒙受不白之冤。

　　更重要的，他是在表明自己的博学多才与远大志向，将自己隐居山林、修养品格的经历一一讲述，再借四方名流对自己的评价，道出自己文章的非比寻常。他还少有地盛赞了裴长史一番，说他地位高贵、英俊潇洒、才华横溢，希望裴长史能够多提携自己。

　　洋洋洒洒一篇文章，李白几乎是"剖心析肝"，因为担心裴长史会轻信谗言，因此将文章写得更加情真意切，委婉动人。

　　只可惜，裴长史心意已决，还是没有召见李白。

　　李白反复吟诵着自己在文章中写的最后一段："愿君侯惠以大遇，洞天心颜，终乎前恩，再辱英盼。白必能使精诚动天，长虹贯日，直度易水，不以为寒。若赫然作威，加以大怒，不许门下，遂之长途，白既膝行于前，再拜而去，西入秦海，一观国风，永辞君侯，黄鹄举矣。何王公大人之门,不可以弹长剑乎?"

这段文字,是他最后的尊严。反复吟诵之间,李白忽然点醒了自己。他为何一定要依附在权贵门下,等待他人的举荐?他为何不能独闯京城,亲手为自己谋得一份职位?

长安,那个目标开始变得异常清晰。他并不知道那里是不是真的会成就自己的梦想,但无论前路多么艰难,他都要去试一试。

此刻的李白,内心异常激动。他在安陆蛰伏了太久,是到了该一展身手的时候了。启程去往长安的日子越近,李白便越是兴奋。他并不知道自己那狂放不羁的性格若是不彻底改变,长安也终究不会成为他的福地。

安陆并非没有他的牵挂,妻子和女儿都是他割舍不断的情缘。一想到她们母女二人,李白就会陷入纠结。家与梦想都是他不愿舍弃的。不甘与不舍两种念头在头脑中打架,他决定去山中吹一吹风,让自己冷静一下。

当灵魂在山中清幽的景色中游离,李白终于觉得内心宁静了一些。他确定好男儿志在四方。而立之年,追寻仕途尚不算晚。隐居田园不应该是男子汉的追求,生于天地之间,就要有所作为,才不枉来人世一遭。

他无法忍受自己碌碌无为度过一生,去长安谋求一份前程,也是为了给妻子和女儿更好的生活。哪怕前路坎坷,他也要踏平,走出一条康庄大道。

想到这里,他毅然做出了决定。紫烟知道自己拦不住他，只能温柔地叮咛，要他独自在外照顾好自己，并承诺会去恳求父亲，找一些昔日旧友帮忙。

  对于李白的决定，岳父是支持的，他赞成好男儿志在四方，也希望李白拥有更好的前程，给自己的女儿更好的未来。他鼓励李白放手去拼搏，妻子和女儿则交给他来照料。

  如此一来，李白再无后顾之忧，怀揣着岳父写给昔日老友崔宗之和许乾辅的信，李白信心满满地踏上征程。

  当长安城高大的城门出现在面前，上面"春明门"三个大字在朝阳下熠熠生辉，彰显着皇城的威严。此刻的李白踌躇满志，他看着眼前整齐规矩的行人，仿佛看到了自己梦想中的未来。

壮士心飞扬,落日空叹息

长安城易进,官场却不易进。进入长安城并不意味着离入仕更近一步,最多只意味着被人举荐的机会更多一些。

这里是盛唐的中心,远非曾经去过的那些地方所能比。李白的世界里,大多是浪漫又明秀的风景,初见京城的雄伟繁华,李白不禁愣怔了一会儿。不过他很快便回过神来,一想到这里将给予自己飞黄腾达的人生,就连走路的步伐都轻快了起来。

出现在李白眼前的,是无比宽阔的街道,鳞次栉比又富丽堂皇的建筑,尤其是威严的皇宫,极尽华丽。那金碧辉煌的色彩像极了李白此刻兴奋的心情。这样美好的一个世界,让他怎能不流连忘返?

京城实在太大,想要了解城中的街路、风土人情、官员住处,酒楼是最好的去处。李白找到一处酒楼,点好酒菜,便向店小二打听起来。店小二告诉李白,长安光是城门就有十二道,正南的明德门是最大的一道门,有五个门洞。绕城一周八十里,就算骑着马逛一天也逛不完。

正东边的春明门有一条天街，直通城西的金光门；正南正北一条大街长二十里，叫朱雀门大街。这两条大街的交叉之处，便是京城最繁华所在。

想到临行前岳父交给自己的信，李白特意向店小二打听许乾辅的住所，以及最近的客栈，用过饭后，便牵马直奔客栈投宿，准备第二天一早再去拜访许乾辅。

李白牢记着店小二的叮嘱，不可以在城中逛到太晚。天黑之后，城中会有宵禁，如果此时还在外面行走，很可能被巡逻的官兵抓起来。

第二日清晨，李白穿着整齐，捧着岳父亲手写的信，敲响了许乾辅府邸的大门。得知李白是已故宰相许圉师的孙女婿，许乾辅立刻命人将其请进府中，热情地招待了一番。

许乾辅是李白岳父的侄孙，虽然年纪比李白大了许多，辈分却比李白小了一辈。不过，许乾辅毕竟是朝中专管膳食的光禄卿，是正经的朝廷命官，在许乾辅面前，李白也表现得非常恭敬。

许乾辅一面读着李白岳父的亲笔信，一面吩咐下人给李白上茶。在这里，李白似乎找到了一丝归属感。他甚至已经开始幻想，许乾辅很快就会向朝廷举荐自己，到时候自己将成为和许乾辅一样的朝廷命官。

只可惜，京城虽繁华，官场却复杂。盘根错节的人际关系，让每个历经官场多年的官都成了"人精"。没有人会轻易举荐一个不了解的人，无论那个人多么有才华。

许乾辅对待李白的热情不减，只是在举荐一事上，却沉吟了许久。他委婉地告诉李白，自己的官职并不方便向朝廷举荐人才，若是有机会，他可以拜托关系好的其他官员帮忙举荐。

李白并没有听出许乾辅话语中的推托之意，天真如他，对许乾辅的借口深信不疑。从那天起，他便安心在许府住了下来，并整理自己满意的诗作和文章，只等某一天许乾辅带着自己去拜谒其他官员。

所有事情都已就位，许乾辅依然还是早出晚归，丝毫没有闲下来的样子。百无聊赖之中，李白只好出门闲逛，以此打发时间。

他听说，长安城中有著名的东市和西市，天下奇货应有尽有，并且遍布茶坊、酒肆，甚至还有波斯人开的珠宝店。据许乾辅家里的仆役说，波斯人的珠宝店里不仅有蚌珠，还有蛇珠。李白好奇不已，不过他最感兴趣的还是酒，忙问仆役，那里是否有珍奇的酒卖。仆役一脸得意，告诉李白，那里有一家高昌人开的酒店，里面有好多珍奇的葡萄酒，红澄澄的酒液煞是好看。

李白兴致使然，直奔酒店。东市与西市比许府仆役形容的还要热闹，除了茶坊、酒肆之外，还有许多明的暗的赌场和斗鸡场。据说，许多朝中官员都热衷于在这里下注，更不可思议的是，竟然有人凭借训练斗鸡的手艺做了官。

这些从闹市中听来的消息让李白愤怒，就连葡萄酒的香气仿佛都变了味道。他渴望凭借才华有所作为，却四处碰壁,还不如一个训鸡人受重用。再回想许乾辅这几日的推托,李白的心头蒙上了一层阴云。

他再也没有继续逛下去的兴致,京城中的风气竟然坏至如此,他要回去好好想一想自己未来的出路。

岳父写给崔宗之的书信,还躺在李白的行李里。直到这一刻,李白才明白岳父的苦心。他之所以给两个人分别写下亲笔信,就是为了给李白多留一条后路。

若是换作有心机的人,或许会越过许乾辅,直接拿着书信去找崔宗之。但李白不懂得如何用心机,也不屑于用。他依然保持着应有的礼数,问许乾辅是否能带他去拜访当朝侍郎崔宗之。

得知李白的岳父给崔宗之也写了亲笔信,许乾辅不假思索地点头答应。李白从他的眼中看到了兴奋的神情,只不过李白明白,那并非是替他高兴,而是终于能将他这个"包袱"甩给别人。

无论如何,李白总算是为自己又找到一线希望。在许乾辅的带领下,李白来到崔府,见到了崔宗之。李白原本以为,京城中的官员应该都像许乾辅一样,带着官老爷的气派,人前端着一副架子。不过他也打定了主意,无论见到多大的官员,都不可能卑躬屈膝,曲意逢迎。

崔宗之与李白想象的形象截然不同。他的确有着官员的气派,却没有官员的架子。一见到李白,崔宗之便盯着他看了许久,仿佛从李白的眼神中便能看透他这个人。

几番交谈之后,李白终于拿出了岳父的亲笔信,然而,崔宗之接到信后，却并没有表现出格外的热情。

真性情的人交往，不会故作热络，崔宗之骨子里与李白是同样的人，他已经在心底里对李白产生了好感。

崔宗之在府中为许乾辅和李白备下酒宴，酒更能拉近人与人之间的距离，酒过三巡，崔宗之已经开始与李白兄弟相称。若是一个人能得到李白的认可，李白便会专门为他写诗，这一次，却被崔宗之抢了先。

崔宗之与李白的确是同道中人，他与李白之间没有官场上的客套，几杯酒下肚，便说起肺腑之言。他钦佩李白的才华，盛赞他的才华凌驾于司马相如之上，尤其是李白那双炯炯有神的大眼睛，闪烁着才华的光芒。于是，崔宗之特地写诗《赠李十二白》送给李白：

  凉风八九月，白露满空庭。
  耿耿意不畅，捎捎风叶声。
  思见雄俊士，共话今古情。
  李侯忽来仪，把袂苦不早。
  清论既抵掌，玄谈又绝倒。
  分明楚汉事，历历王霸道。
  担囊无俗物，访古千里余。
  袖有匕首剑，怀中茂陵书。
  双眸光照人，词赋凌子虚。
  酌酒弦素琴，霜气正凝洁。
  平生心中事，今日为君说。
  我家有别业，寄在嵩之阳。

明月出高岑,清溪澄素光。

云散窗户静,风吹松桂香。

子若同斯游,千载不相忘。

作为回赠,李白也作一诗送给崔宗之:

酬崔五郎中

朔云横高天,万里起秋色。

壮士心飞扬,落日空叹息。

长啸出原野,凛然寒风生。

幸遭圣明时,功业犹未成。

奈何怀良图,郁悒独愁坐。

杖策寻英豪,立谈乃知我。

崔公生民秀,缅邈青云姿。

制作参造化,托讽含神祇。

海岳尚可倾,吐诺终不移。

是时霜飙寒,逸兴临华池。

起舞拂长剑,四座皆扬眉。

因得穷欢情,赠我以新诗。

又结汗漫期,九垓远相待。

举身憩蓬壶,濯足弄沧海。

从此凌倒景,一去无时还。

朝游明光宫,暮入阊阖关。

但得长把袂,何必嵩丘山。

寥寥数语,两人便交定此生。真正的好朋友,无须太多言语,莫逆之交,有时候就在一杯酒、一句话、一首诗之间。

　　李白与崔宗之相互欣赏，崔宗之希望李白能同入朝堂，报效国家。可惜只有侍郎官衔的崔宗之，在朝中众多官员之中有些人微言轻，为了李白的前途，必须将他举荐给官职更高的人才行。

　　崔宗之的确是那个设身处地为李白着想的人，他想到右相张说。这位宰相最是爱才，一定会欣赏李白的才华。只可惜李白生不逢时，当崔宗之带着李白赶到张府拜见时，张说已经躺在病床上奄奄一息了。

　　好在，张说的二儿子张垍与崔宗之相熟，他是当朝驸马，官居三品，深得唐玄宗喜爱。更重要的是，张垍也极其爱好诗文。崔宗之再三拜托张垍，一定要在皇帝面前替李白多多美言几句，张垍口头上不断允诺，内心却笃定不会给李白同朝为官的机会。

　　张垍的确热爱诗词，却也无比善妒。他知道李白的才华，坚决不能容忍在朝廷上有比自己更有才华的人出现。然而，仅是不举荐李白并不是长久之计，他不举荐，李白一定还会拜谒别人。张垍心生恶念，他要堵死李白日后入朝为官的路。

　　就在李白拜访张府的三日之后，张垍主动登门拜访李白，他要给李白指一条"明路"。张垍说，当朝皇帝一母所生的妹妹玉真公主正在终南山玉真观中寻仙访道，与李白爱好相仿，如果李白能直接上终南山拜访玉真公主，得到她的赏识，那么她在皇帝面前的一句话，胜过别人千百倍。

听了张垍的话,李白大喜过望,临别之时,张垍还郑重其事地叮嘱李白,不要让外人知道此事,更加深了李白的信任。

第二日一早,李白便出了长安城,一路向西,直奔终南山。秋日的长安郊外,百花杀尽,枯叶纷飞。这是一个让人伤感的季节。终南山路远,李白从清晨走到傍晚,眼看一群群乌鸦借着天边最后一抹光亮急着归巢,自己的前程却依然没有着落,更加萌生对家中妻女的思念。

乌夜啼

> 黄云城边乌欲栖,归飞哑哑枝上啼。
> 机中织锦秦川女,碧纱如烟隔窗语。
> 停梭怅然忆远人,独宿孤房泪如雨。

李白知道,此刻紫烟一定在家中盼望他荣归故里,不知是否因为独守空闺而泪落如雨。他恨不得即刻就插上翅膀飞上终南山,只可惜天黑山路难行,不得不找一处客栈,暂时落脚。

第二日天刚亮,李白便迫不及待开始赶路。终南山终于在眼前越来越清晰,李白顾不得欣赏山中的风景,径直去往玉真别馆拜访玉真公主。

谁知,玉真别馆却是一派萧条荒凉的景象,院内杂草丛生,墙壁上都长满了青苔,窗台上堆积着厚厚的尘土,显然是许久无人打扫,根本不像有人居住的样子。馆内有一位老者负责看守这里,李白上前打听玉真公主的住处。

老者却说,玉真公主已经许久没有来过这里了,公主的行程更是没有人敢轻易打听。看李白赶路辛苦，老者让他暂时住下来。李白心存一丝侥幸，觉得或许玉真公主过几日便会来到这里，于是便安心在玉真别馆等待。

山中天气阴晴不定，白日里还是艳阳高照，到了晚上竟然阴云密布，下起了雨。秋风秋雨愁煞人，李白打算给张垍写信，倾诉一下自己的遭遇：

玉真公主别馆苦雨赠卫尉张卿二首

其一

秋坐金张馆，繁阴昼不开。

空烟迷雨色，萧飒望中来。

翳翳昏垫苦，沉沉忧恨催。

清秋何以慰，白酒盈吾杯。

吟咏思管乐，此人已成灰。

独酌聊自勉，谁贵经纶才。

弹剑谢公子，无鱼良可哀。

其二

苦雨思白日，浮云何由卷。

稽契和天人，阴阳乃骄蹇。

秋霖剧倒井，昏雾横绝巘。

欲往咫尺途，遂成山川限。

潆潆奔溜闻，浩浩惊波转。

泥沙塞中途，牛马不可辨。

饥从漂母食，闲缀羽陵简。

园家逢秋蔬，藜藿不满眼。

螟蛸结思幽，蟋蟀伤褊浅。
厨灶无青烟，刀机生绿藓。
投箸解鹔鹴，换酒醉北堂。
丹徒布衣者，慷慨未可量。
何时黄金盘，一斛荐槟榔。
功成拂衣去，摇曳沧洲傍。

　　李白此刻并不知道，自己的才华已经引来他人的嫉恨。其实张垍早就知道，玉真公主此时并不在终南山。她向来行踪不定，张垍也只知道她去了华山和嵩山等地，至于此刻究竟在哪里，归期是何时，再无人知道。

　　他就是要让李白扑个空，把时光消耗在空等上面。世人大多只会锦上添花，有几人能做到雪中送炭？更何况还有像张垍这样阴险的人，向黑夜里行走的人使绊子。

　　长安城的夜，注定只能对李白展现出漆黑的一面。

长风破浪会有时

纵然头顶愁云惨雾,心底也要留有一份轻松。这便是李白洒脱的个性,可以说他潇洒,亦可以说其淡然。

既来之,则安之。李白既然在玉真别馆住了下来,索性好好欣赏一番这里。昨日初来乍到,只觉得久无人住的玉珍别馆一派萧瑟之景。今日雨过天晴,细细看来,却别有一番韵味。

正午阳光正好的时候,他时常会去山中走走,结识了许多山民。

唯独让李白难过的是,一连几日,每到傍晚,便开始落雨。一场秋雨一场寒,山中的天气也一日凉似一日。一连住了许多天,李白还是没有等来玉真公主的消息。在揣度人心方面,李白总是有些后知后觉。直到这一刻,他才终于醒悟,或许是受了张垍的欺骗。

李白是一介白衣,张垍是当朝驸马,纵然遭了张垍的算计,李白也无可奈何。除了愤怒,李白无计可施,他决定尽快离开终南山,不在这里继续浪费时间。

离开之前,他要向这几日结识的好友辞行。其中的斛斯山人与李白志同道合,在诗词方面也有许多共识。这一天傍晚,李白特意来向他辞行。透过那扇柴门,看到斛斯山人的孩子正在院中玩耍。这勾起了他对家中妻女的想念,若是此时自己身在安陆,也能像斛斯山人一样享受天伦,弄儿为乐。

看到李白独自站在门外,斛斯山人立刻将其邀至院中,正在玩耍的小儿也急匆匆跑过来替李白开门。那夜月色正好,斛斯山人特意将酒桌摆在院中,二人对月小酌。

李白有太多心事想要倾诉,也有太多豪情需要释放。不知不觉,他借着酒意说了许多自己的事情,直到东方发白,两人的酒兴尚未阑珊。半醉半醒的李白最是可爱,斛斯山人显然是懂得李白的人,他愿意看到这样的李白,李白也唯有在这样的朋友面前,才能暂时忘却世俗的心机。

李白喜爱这种田家庭园的恬静,甚至有些羡慕他们能找到这样一处人间净土。回想昨夜,酒醉情浓,李白和斛斯山人一度放声高歌,一直唱到天河群星疏落,万籁俱寂。如此欢乐的回忆,他必须要记录下来:

下终南山过斛斯山人宿置酒

暮从碧山下,山月随人归。

却顾所来径,苍苍横翠微。

相携及田家,童稚开荆扉。

绿竹入幽径,青萝拂行衣。

欢言得所憩,美酒聊共挥。

长歌吟松风，曲尽河星稀。

　　我醉君复乐，陶然共忘机。

　　李白挥洒长歌的英气尽显于字里行间，只是天下无不散之筵席，作别斛斯山人，李白重返长安。

　　许乾辅似乎已经知道张垍对李白所做的一切，他委婉地劝说李白，不如早些回家，与家人团聚，甚至还送给李白一些盘缠。

　　李白明白，许乾辅这是在逐客。他收下盘缠，离开许府。可是，如果就这样灰溜溜地返回安陆，他不甘心。

　　在长安城中的一家客栈里，李白住了多日，眼看身上的盘缠就要用尽，却丝毫没有找到拜谒的门路，李白有些焦急。他的身边已经没有什么值钱的东西，唯有自己的那匹马还能换些钱。

　　纵然舍不得，李白也只能无奈将马牵到集市上变卖。懂马的人都能看出，这是一匹千里挑一的好马。有人对这匹马感兴趣，上前询问，李白却眼神闪躲，恨不得找个地缝钻进去。那人看出李白不是贩马之人，再看他的气质不像寻常人，便问："这匹千里马，若不是遇到难处，你不会牵来这里吧？"

　　一句话问到了李白的痛处，便如实将难处告之，这才知道那人名叫陆调，和李白一样都是性情中人。陆调家境不错，尤其是有一个有钱的叔父，与邠州长史李粲交好。得知李白的遭遇之后，陆调主动邀请李白前往邠州，请他叔父帮忙疏通一些关系。

陆调简直是天上掉下来的贵人，李白原本就不想卖这匹与他同甘共苦的马，如此一来，既能留下马，又有了另一线希望，对于陆调，李白有说不出的感激。

文人墨客来到邠州，都会登上新平城楼观景。此时，正值深秋。天高气爽，李白在城楼上一直站到日暮时分，深秋景象之下，落日都似乎比平常更加遥远。不远处的溪水看上去那样清净，水波起伏时，带来阵阵袭人的寒意。

李白并不甘心离开长安，壮志未酬的他，不甘心就这样放弃自己的理想。有许多次，他都想重返长安干一番事业，可在那黑暗的官场中，他又看不到丝毫希望。国家的命运，自己的命运，都让他深深忧愁。

陆调叔父向邠州长史李粲引荐李白。两人都姓李，同为本家，攀谈之下更是热络。只不过李粲对李白也仅限于热情招待而已，李白在邠州待了许久，李粲却丝毫没有举荐他的意思。

李白不愿永远这样寄人篱下，为了得到陆调的推荐，也为了展现自己的才华，他写下一首诗，呈送到李粲面前：

豳歌行，上新平长史兄粲

豳谷稍稍振庭柯，泾水浩浩扬湍波。
哀鸿酸嘶暮声急，愁云苍惨寒气多。
忆昨去家此为客，荷花初红柳条碧。
中宵出饮三百杯，明朝归揖二千石。
宁知流寓变光辉，胡霜萧飒绕客衣。
寒灰寂寞凭谁暖，落叶飘扬何处归。

>吾兄行乐穷曛旭，满堂有美颜如玉。
>赵女长歌入彩云，燕姬醉舞娇红烛。
>狐裘兽炭酌流霞，壮士悲吟宁见嗟。
>前荣后枯相翻覆，何惜余光及棣华。

展现才华的同时，李白还是不改自己率真的性格。当看到"吾兄行乐穷曛旭""前荣后枯相翻覆，何惜余光及棣华"几句时，李粲看出李白对自己的埋怨，心生不满。他觉得，既然李白瞧不上自己，索性让他去别处吧。李粲假装好意地告诉李白，自己已经将他推荐给坊州司马王嵩，还亲笔写了举荐信，又准备好了盘缠，客客气气地将李白送走。

李白不知是计，兴冲冲地奔赴坊州。王嵩与李粲是同一类人，甚至在享乐方面比李粲更胜一筹。他看在李粲的面子上接待了李白，却不愿把他留在自己身边重用。正巧有一位同样来自京城的客人阎正字在此处，王嵩便请阎正字每日陪着李白四处游玩。

一日雪过天晴，万里银装素裹。这般美景也让王嵩来了兴致，他与阎正字、李白一同登高饮酒，对雪赋诗。王嵩先作了一首诗，阎正字随后便附和一首。这正是让李白尽情展露才华的机会，他自然不肯落后：

酬坊州王司马与阎正字对雪见赠
>游子东南来，自宛适京国。
>飘然无心云，倏忽复西北。
>访戴昔未偶，寻嵇此相得。

> 愁颜发新欢，终宴叙前识。
> 阎公汉庭旧，沈郁富才力。
> 价重铜龙楼，声高重门侧。
> 宁期此相遇，华馆陪游息。
> 积雪明远峰，塞城锁春色。
> 主人苍生望，假我青云翼。
> 风水如见资，投竿佐皇极。

李白对王嵩和阎正字是真心相待，只觉相见恨晚。认识他们，对李白来说是一大快事，他不惜盛赞对方的才华与声望，也希望他们能懂得他的心意，有机会多多举荐。并郑重承诺，若是他日入仕为官，定会像当年的姜太公一样，尽力辅佐帝王。

只可惜，王嵩并不是懂李白之人，他听出了李白在诗中对自己的称赞，只不过这些称赞之语在他看来，是李白想要多得一些赏钱而已。

当王嵩命人将赏钱送到李白面前，李白失望至极。看来这世上终究是知音难觅。他本想谢绝王嵩的赏赐，奈何囊中羞涩；可若是收下，李白又觉得自己与"文丐"毫无分别。遥想几百年前的齐国人鲁仲连，最善奇谋，谈笑之间，便从容不迫说退秦兵，却不肯领受任何官职，可见他高风亮节，并非为了钱帛财富。同样，当年范蠡在越国出仕入相，他最终的心愿也只是想退隐江湖。李白自己最想效仿的人，是三国时期的诸葛亮，因为如此，他才时常吟诵诸葛亮的那首《梁甫吟》。

徜徉于深山中时,他心甘情愿不问世事。可每当看到太阳西沉,又会感叹自己白白浪费大好光阴。此时此刻,李白最大的心愿便是能辅佐一位贤明的君主,功成名就之后,他甘愿退隐山林。

只是迫于生计,李白最终还是收下了这些赏钱,又留下另一首诗,算是表达自己的心意:

留别王司马嵩

鲁连卖谈笑,岂是顾千金。
陶朱虽相越,本有五湖心。
余亦南阳子,时为梁甫吟。
苍山容偃蹇,白日惜颓侵。
愿一佐明主,功成还旧林。
西来何所为,孤剑托知音。
鸟爱碧山远,鱼游沧海深。
呼鹰过上蔡,卖畚向嵩岑。
他日闲相访,丘中有素琴。

在邠州这几日,李白也结识了一位真正能与他推心置腹的朋友。只不过这位朋友年纪尚轻,正值少年,却也能懂得李白的心境。得知李白即将离开,他特意置办了一桌丰盛的酒宴为李白送行。

从出生以来,李白从未像如今这样落魄过。他想起当年落魄的韩信在淮阴时,贫穷到连饭都吃不上,多亏遇到一位"漂母",看到韩信饥饿,一连十几天给他饭吃。有淮阴恶少看到韩信落魄,便公开侮辱他,说:"你虽然个子大,还带着刀剑,却是胆小鬼。如果你有胆量,就用剑刺我;如果你贪生怕死,就从我胯下爬过去。"韩信忍受着屈辱,从恶少胯下爬了过去。当时之人皆嘲笑韩信软弱,然而当韩信受到汉高祖刘邦重用之后,成为汉朝开国功臣,被封为淮阴侯,衣锦还乡之后,韩信特意找到当年送给自己饭吃的漂母,赏赐她千金,侍奉她如亲母。韩信的经历也被世人争相传颂。

李白再想想自己,自从二十四岁仗剑去国,辞亲远游,一路饱尝旖旎风光,去长安之后,广交豪士,希望以布衣身份直接进入仕途,可惜屡屡碰壁,满怀希望而来,却一无所获。

来到邠州,又是一番凄苦孤寂的遭遇。他以为的朋友,都不是真的朋友,即便沦落困顿,也无人相助。他自认为是猛虎,却惨遭囚禁;自认为是雄鹰,却惨遭束缚,无法展翅。好在李白并没有就此沉沦,他依然坚信自己能像大鹏一般展翅,为国家建功立业。

他感谢这位新平少年,一掷千金为他置办送行宴。美酒能激发李白的壮志豪情,只是想到唐玄宗不懂得重用贤臣,只倚重宦官,李白有些为大唐的未来担忧:此刻的太平盛世,不知还能持续多久?像李白这样的人,一身才华却无处施展。

想到此处,李白立刻没了食欲。他放下筷子和酒杯,拔出随身佩带的长剑,直立桌旁,举目四顾,心中却茫然。都说仕途难行,此刻的李白深有感触:

行路难

金樽清酒斗十千，玉盘珍馐直万钱。

停杯投箸不能食，拔剑四顾心茫然。

欲渡黄河冰塞川，将登太行雪满山。

闲来垂钓碧溪上，忽复乘舟梦日边。

行路难！行路难！多歧路，今安在？

长风破浪会有时，直挂云帆济沧海。

几杯苦酒下肚，李白诗兴未尽，便又提笔写下一首：

行路难

大道如青天，我独不得出。

羞逐长安社中儿，赤鸡白雉赌梨栗。

弹剑作歌奏苦声，曳裾王门不称情。

淮阴市井笑韩信，汉朝公卿忌贾生。

君不见昔时燕家重郭隗，拥篲折节无嫌猜。

剧辛乐毅感恩分，输肝剖胆效英才。

昭王白骨萦蔓草，谁人更扫黄金台？

行路难，归去来！

是啊，如此宽广的大道，却唯独没有李白的出路。他听说，唐玄宗最喜欢斗鸡，甚至在宫内造鸡坊，有人因为斗鸡训得好而得宠。民间甚至有这样一句民谣："生儿不用识文字，斗鸡走狗胜读书。"多么让人寒心的世事，如果李白学着去斗鸡，一定可以结交到一些纨绔子弟，帮他在仕途上打开一些门路。可他不屑于这样做，在权贵门前卑躬屈膝，那不是李白的本性。

战国时的燕昭王为了让国家强大,尊郭隗为师,在易水边筑台,置黄金于其上,就是为了招揽贤士,这才将乐毅、邹衍、剧辛等贤才纷纷纳入麾下。燕昭王对他们言听计从,甚至屈己下士,折节相待。当邹衍来到燕国时,燕昭王甚至亲自清扫道路迎接,用衣袖挡住扫帚,表示对邹衍的恭敬。

若是君臣之间都能像燕昭王和臣子一样推心置腹,李白也不会沦落到如今的境地。他常常以伊尹、姜尚、张良、诸葛亮自比,只可惜唐玄宗不是燕昭王,没有求贤、重贤之心。世路艰难,李白已萌生去意。

第三章

豪情万丈・直望五千里

蜀道难于上青天

重返长安,此时的李白已是截然不同的心境。曾经宽阔的京城大道仿佛多了几许坎坷,长安城上空的天也不似最初那般明媚。

经过东市,李白又看到那些斗鸡场,座座都比长安城中的酒楼还要豪华。这样的污浊之地,让他再也不愿久留。他有些想念好友元丹丘,羡慕他归隐山林,活得如仙人一般。

在街上,李白偶遇当日在马市上结识的陆调。对于李白近日的遭遇,陆调也有所耳闻,他面对李白有些愧疚,觉得是自己没能为李白指出一条明路。李白却并不在意,他知道陆调是真心待自己,或许一切只因自己还差了一点儿好运吧。

听说李白要离开长安,陆调为他饯行,与陆调一同前来的,还有一位名叫王炎的同乡好友。王炎与李白的遭遇相似,也是从家乡来到京城谋求仕途,却处处拜谒无门,正打算离开此地,到蜀中游览一番。

听说李白是蜀地人，王炎特地向李白打听蜀地风情，李白与王炎一见如故，将家乡名胜如数家珍般道来。王炎听得高兴，取出古琴，打算弹奏一曲为众人助兴。

只见王炎正襟危坐，眯着双眼，拨动琴弦。这是一曲南朝梁陈时期的古曲，曲子一开始便音调极高，仿佛一支利箭直蹿山巅。曲调婉转之处，清晰可闻呜咽之声，似飞鸟盘旋，找不到归途。忽而之间，曲调汹涌起来，如同瀑布飞流直下，直击耳膜。此刻，王炎随着曲声唱和起来：

"王尊奉汉朝，灵关不惮遥。高岷长有雪，阴栈屡经烧。轮摧九折路，骑阻七星桥。蜀道难如此，功名讵可要。"

李白听出这是阴铿所作的《蜀道难》，他虽喜欢，却一直觉得其中的诗句有些简单。正巧陆调提议，既然李白在蜀地居住多年，不如借着曲调重新填一首《蜀道难》。

这是一个好提议，李白眼前立刻浮现出家乡的美景。蜀地多仙山，只是蜀道难行，世人很少能领略蜀地风貌。李白毫不推辞，更不需过多思索，提笔便写：

蜀道难

噫吁嚱，危乎高哉！蜀道之难，难于上青天！

蚕丛及鱼凫，开国何茫然！尔来四万八千岁，不与秦塞通人烟。西当太白有鸟道，可以横绝峨眉巅。地崩山摧壮士死，然后天梯石栈相钩连。

上有六龙回日之高标，下有冲波逆折之回川。黄鹤之飞尚不得过，猿猱欲度愁攀援。青泥何盘盘，百步九折萦岩峦。扪参历井仰胁息，以手抚膺坐长叹。

问君西游何时还？畏途巉岩不可攀。但见悲鸟号古木，雄飞雌从绕林间。又闻子规啼夜月，愁空山。蜀道之难，难于上青天，使人听此凋朱颜。

连峰去天不盈尺，枯松倒挂倚绝壁。飞湍瀑流争喧豗，砯崖转石万壑雷。其险也如此，嗟尔远道之人胡为乎来哉！

剑阁峥嵘而崔嵬，一夫当关，万夫莫开。所守或匪亲，化为狼与豺。朝避猛虎，夕避长蛇；磨牙吮血，杀人如麻。锦城虽云乐，不如早还家。蜀道之难，难于上青天，侧身西望长咨嗟！

数百字洋洋洒洒，一气呵成，从一开篇，便将在场众人的情绪引到极致。之后又渐入缥缈，将众人的思绪带到游离。

蜀道自古艰难，可京城的仕途又何尝不是比蜀道艰难千百倍？行走在蜀道上，只需小心谨慎，等待自己的便是蜀地的美景。而仕途呢？纵然万般小心却防不住背后的黑手。每走一步，心中都是万般恐惧。想到此处，李白有些累了。他想要尽快离开这片是非之地，隐居山林，寻找自己的隐逸人生。

不知不觉，李白已有些许醉意。每次喝酒，不至大醉，李白不会停杯。但自从与紫烟成婚之后，每次喝醉，李白都会有些怜惜自己的妻子：

赠内

三百六十日，日日醉如泥。

李白诗传

虽为李白妇，何异太常妻。

东汉时期，周泽在朝中担任太常一职，负责掌管天子的礼乐祭祀等事务。他生性嗜酒，又好斋戒，常常卧病斋宫而不归家。周泽的妻子怜其老，前去斋戒之处看他，妻子本是好意，周泽却因此大怒，将妻子送去诏狱谢罪。

李白有些感叹，自己几乎每天都烂醉如泥，如今他又辞家远游，长久不归。紫烟虽身为他的妻子，却和那周太常的妻子有何分别？然而，酒是无论如何不能戒掉的，李白只能将这首诗送给妻子，聊表慰藉。

在长安，李白更思念紫烟。他在长安经历了一次次失意，从未有人像紫烟那样给他最温暖的安慰。虽然李白已经做好了隐居的打算，但终归还是有些不死心。离开之前，李白抱着最后一丝希望又来到终南山，他希望能遇到玉真公主，希望获得她的赏识。

李白是天生的乐天派，否则不会写出"千金散尽还复来""长风破浪会有时"这般斗志昂扬的诗句。哪怕满天阴霾，他依然能想象出雨过天晴之后的阳光明媚。

第二次来到玉真别馆，眼前的景象与之前毫无二致。玉真公主并未曾来过，那座庭院依然是空荡荡的。李白真的失望了，长安，真的与他无缘。

李白的心，注定是属于整个世界的。越是遭遇挫折，他越是不愿意这样灰溜溜逃回家。他要让自己的脚步自由自在地徜徉，无论去哪里都好，哪里的天空，都比长安的天空蓝得透彻。

就在此时，好友元丹丘寄来的一封书信，让李白找到了下一个目的地。

原来，元丹丘已经听说李白在长安的遭遇。他了解李白生性桀骜，从不服输，担心他会因为仕途连连受阻而心生郁闷。于是他特意写信鼓励李白，并邀请他来嵩山一游，帮他抚平心伤，重整旗鼓。

元丹丘的信让李白倍感温暖，不知不觉间，脸上又现出孩子般的笑容。他即刻启程，向老友所在的嵩山奔赴。

细细算来，李白与元丹丘已有三年没有见面。临行之前，他专程为元丹丘写去一封回信：

以诗代书答元丹丘

青鸟海上来，今朝发何处。
口衔云锦书，与我忽飞去。
鸟去凌紫烟，书留绮窗前。
开缄方一笑，乃是故人传。
故人深相勖，忆我劳心曲。
离居在咸阳，三见秦草绿。
置书双袂间，引领不暂闲。
长望杳难见，浮云横远山。

在传说当中，青鸟是神鸟，是西王母的使者。传说在西汉时候，汉武帝看到一只青鸟飞来，然后，西王母就到了。在这里，青鸟就充当了元丹丘的信使。李白早已读懂元丹丘信中的深意，好友对他的关怀让李白感到温暖而快乐。

浪漫的李白,最喜欢传说中充满美好的故事。他的心就像神话传说中的人物一般洁净,因此,他对这个世界始终心怀善念,坚信一切丑恶有朝一日终会消失。

人虽未动,心已飞到嵩山。元丹丘在信中将嵩山描述得无比美好,那里绿树成荫,溪水潺潺。李白坚信,那里的青山绿水一定能够洗尽心头的阴霾。

元丹丘在嵩山有一处隐居之地,叫"颍阳山居",就坐落在嵩山脚下的颍水岸边。这里是一处难得的清幽所在,元丹丘希望李白能体验道家人士的生活,将红尘中的烦恼尽数抛却。

在李白心目中,元丹丘就像一名隐士,耐得住寂寞,断了杂念,在山林中悠游人生。世上很少有人能像他那样抛却人世间的功名利禄和现实的诱惑。

从入长安到出长安,李白经历了从希望到失望的转变。对于李白这样一个感情强烈而又充满浪漫主义的人来说,这番经历必将在他心中引起巨大波澜。

从心底里,李白是不愿离开长安的。因为离开就意味着远离了他的政治理想,这是最令李白感到苦闷和茫然的。身为堂堂男儿,李白不愿将这低沉的情绪挂在脸上,即便是借诗抒怀,也不愿说得那样直白,唯有访古遣愁,只可惜却更徒增忧思。

当一个人否定了自己的过往,就难免变得消极。李白也有似这般消极的时候,他越是刻意表现出狂放,就越证明他心中的痛苦。好在李白的消极总是一时的,他的心中永远燃烧着一团火焰。将消极的情绪倾吐出来之后,便会重拾理想与追求,这才是李白身上最可贵的地方。

三十六峰，寻不到神仙

从梁园到嵩山，不过几日路程。嵩山号称"赫赫天中王，巍巍踞中州"，其东临郑州，西临洛阳，北临黄河，南靠颍水，儒、释、道三教在山中和谐并存，最著名的便是嵩山少林寺的千佛殿、供奉道教十大阎罗王神位的地藏殿，以及后壁儒家的二十四孝图。

生活在嵩山中的元丹丘，就如同一名避世的仙人。他将颍阳山居建在嵩山脚下颍水岸边，那是一处十分幽静隐蔽的所在，周围有群山环绕，北面是马山的陡峭山壁，南面则是鹿台山的奇秀风景，连峰嵩岳，北极汝海，云岩掩映，景色奇绝。如果没有人引领，外人根本找不到这样一处世外桃源般的所在。

李白到此，便对元丹丘的住所赞不绝口，甚至专门写诗称赞：

题元丹丘山居

故人栖东山，自爱丘壑美。

青春卧空林，白日犹不起。

松风清襟袖，石潭洗心耳。

羡君无纷喧，高枕碧霞里。

元丹丘闲云野鹤一般的生活，着实令李白羡慕。在李白心目中，元丹丘就是真正的高士，他鄙弃功名利禄，追求疏懒的人生境界。只有内心清净的人，才能做到真正高洁，拥有真正的人格魅力。

李白一首诗写罢，似乎并未完全表达出自己对颍阳山居的赞赏之情，索性再写一首：

题元丹丘颍阳山居

仙游渡颍水，访隐同元君。

忽遗苍生望，独与洪崖群。

卜地初晦迹，兴言且成文。

却顾北山断，前瞻南岭分。

遥通汝海月，不隔嵩丘云。

之子合逸趣，而我钦清芬。

举迹倚松石，谈笑迷朝曛。

益愿狎青鸟，拂衣栖江濆。

住在这里，难得不受外界打扰，走出家门，满眼处处是风景。这里仿佛有一种神奇的魔力，能让住在这里的人积蓄能量。

在距离颍阳山居不远的地方，有一条溪水直通汝河。那里有一处开阔的平地，视野极好，李白最喜欢晚上到溪水边去仰望星空。闪耀的星光、朦胧的月色，总能让李白忘记自己尚在人间，仿佛已到了仙境。

夜色中的嵩山，更显雄壮伟岸。男儿当如巍峨的高山，无论风吹雨打，我自岿然不动。

为了疏散李白心中的郁闷，元丹丘几乎每日都带着他四处游山玩水。在嵩山中，有一棵"将军柏"。据说西汉元封元年（前110）正月，汉武帝加封中岳，在一众文武官员的陪同下，登上嵩山。

当行至山中，汉武帝被面前一棵高大粗壮的柏树所吸引，他对这棵柏树大加赞赏："此柏乃朕生平所见最大的，好，就封它为'大将军'。"继续前行，一棵更大更粗壮的柏树又出现在汉武帝面前。汉武帝不禁为自己之前封柏树为将军的举动有些懊悔，然而君无戏言，皇帝的话只要说出口，便不能轻易收回。于是，汉武帝决定封这棵柏树为"二将军"。

一旁有官员悄声提醒："这样似乎不太公平吧？"可汉武帝却说："没有办法，先入为主。"仿佛是上天故意捉弄，接着，又一棵柏树出现在面前，比之前的两棵更高大、更粗壮，汉武帝只得将错就错，将这棵柏树封为"三将军"。

多年以后，一场雷电将"三将军"焚烧殆尽，将"二将军"当中劈开一条巨大的缝隙，甚至可以容纳一人，唯有"大将军"毫发无伤，只是从此树干越发弯曲，如同人羞愧时弯腰一般。世人也借此事讽刺汉武帝，说其"大封小来小封大，先入为主成笑话"。

嵩山之中，处处都有传说。传说有一位小和尚，每天负责打扫寺中的佛塔。突然有一天，小和尚发现一个奇怪的现象,他在打扫时,明明脚未动,身体却会慢慢上升,升到空中之后,又会自动落回原地。这样的情况每天都会发生,并且一次比一次升得更高。

小和尚以为是自己一心向佛,感动了佛祖,欲超度他登上仙界。于是,小和尚将这奇怪的现象报给长老,长老却并不相信。第二天小和尚打扫佛塔时,长老躲在暗处观察。果然,没过多久,小和尚的身体渐渐升高,长老又瞪大了眼睛,发现原来小和尚站在一条大黑蟒的背上。长老大惊,但并未惊动大黑蟒。趁小和尚落回地面时,赶忙拉走了小和尚,并关闭塔门,命人放火烧塔。

大黑蟒被熊熊烈火烧死,一同被烧毁的,还有塔中的木梯。从此,世人只能从外面欣赏嵩山塔林的雄伟壮观,纵然进入塔内,却也因为没有木梯,无法登上塔顶。

李白还记得,白居易在《夜从法王寺下归岳寺》中写道:"双刹夹虚空,缘云一经通。似从忉利下,如过剑门中。灯火光初合,笙歌曲未终。可怜狮子座,异出净名翁。"说的便是塔高而无梯的奇景。

在元丹丘的陪伴下,李白一连在嵩山中徜徉了多日。元丹丘的闲情逸致,也让李白的心境越发开阔。他甚至有些觉得自己一味追求仕途的想法有些太卑微,当他在长安等地苦苦寻觅做官途径的时候,元丹丘却早已拥有这如此秀美的风景,静坐庭前,看云卷云舒。这不正是李白曾经梦想的人生吗?只是李白在这一切之前加了一个附加条件,那就是必须功成名就之后,再归隐山林。

李白不禁问自己，为何偏要增加这一条件呢？求而不得，是人生最大的痛苦。若是无欲无求呢？岂不是快乐得多？

元丹丘歌

元丹丘，爱神仙，朝饮颍川之清流，暮还嵩岑之紫烟，三十六峰长周旋。

长周旋，蹑星虹，身骑飞龙耳生风，横河跨海与天通，我知尔游心无穷。

元丹丘如同神仙一般的生活，令太多人羡慕。李白也想和他一样，摆脱人世间的种种限制，享受神仙般的超脱和自由。虽然元丹丘并非神仙，但在李白心中，他已是神仙，所以才说他"朝饮颍泉之清流，暮还嵩岑之紫烟，三十六峰长周旋"，唯有神仙才能在一日之内飞腾于嵩山三十六峰之间。

然而，李白的心中毕竟还有更大的梦想。他虽喜欢隐居山林的清净，但偶尔也会怀念红尘的喧嚣。他的脚步注定是不会被某一处土地禁锢的，广阔天地，大好河山，才是真正属于他的地方。

在嵩山积蓄了足够能量之后，李白想要重返红尘。他在乎同元丹丘的友情，只可惜不能永远与他一起神游于物外，享受无尽逍遥。

人生之所以艰难，就是不能同元丹丘一般懂得逃离。不过，此番隐居嵩山，李白也渐渐学会了看淡得失。暂时的拜谒失败，不代表永远都没有做官的机会。三十出头的年纪,李白觉得自己光阴正好,人生之路漫长,他仅仅走过了一个开端而已。

人一旦学会宽慰自己,心境也会变得更加开阔。李白既然已经决定下山,那么在剩下的隐居日子里,他要尽情享受山水赋予自己的美好。

盛唐时期的嵩山,有三十六峰,"三十六"是虚数,实际的山峰数量要远远多于这个数字。东面的主峰叫"太室",西面的主峰叫"少室",合称"二室"。其下多有石室,传说,室中有石床、素衣,乃是仙人所居住的地方。

据说,夏禹的儿子夏启刚刚出生的时候,夏启的母亲便化作一块巨石,人称"启母石";在另一个传说中,周穆王时期的甫侯和申佰,乃是嵩山的神灵降生;还有传说周灵王的太子王子乔,生前最善于吹笙作凤鸣,他死后在嵩山驾鹤仙去。

种种传说更增添了李白对寻找仙人的渴望,他向来热衷于此,并且坚信道家真的有长生不老之术。他听说,嵩山中有一位传说中的女道士焦炼师,就住在少室山的石洞里。经过多年修炼,焦炼师早已参透道家真理,摆脱世事纷扰,内心无比清净。也正因如此,她掌握了长生不老的秘诀:不吃人间的五谷杂粮,只吃石髓,从中汲取天地之精华。

提起焦炼师,李白一副神往之情。他告诉元丹丘,传说焦炼师已经二百多岁,却依然鹤发童颜,健步如飞。如果能找到她,并拜她为师,获取长生不老之道,那么便可以彻底抛却红尘俗世了。

李白还听说,高耸入云的少室山上有一种贝多树,一年可以开三次花。每当紫色的花朵盛开,便如同紫色的烟雾在树间缭绕,艳丽异常。这样的居住环境真正配得上那位不食人间烟火的女道士。

有人说,焦炼师是从蓬莱海上来的仙客,宛如麻姑仙女。她饿了便吃桂花的金鹅蕊,闲暇时便精读青苔纸写的道书。她能一瓢饮尽颍河之水,还能在宇宙八极之中恣意游憩,甚至有时候会骑着仙鹤到天宫散步,晚上再回到人间,身披秋霞独自在山中入眠。

于是,李白便拉着元丹丘每天在山中行走,只为找到焦炼师。少室山本无人居住,但李白坚信焦炼师就住在这里。

只可惜传说毕竟只是传说,三十六峰游遍,焦炼师的身影还是无处可寻。

赠嵩山焦炼师(并序)

嵩丘有神人焦炼师者,不知何许妇人也。又云生于齐梁时,其年貌可称五六十。常胎息绝谷,居少室庐,游行若飞,疏忽万里。世或传其入东海,登蓬莱,竟莫能测其往也。余访道少室,尽登三十六峰,闻风有寄,洒翰遥赠。

二室凌青天,三花含紫烟。
中有蓬海客,宛疑麻姑仙。

> 道在喧莫染，迹高想已绵。
> 时餐金鹅蕊，屡读青苔篇。
> 八极恣游憩，九垓长周旋。
> 下瓢酌颍水，舞鹤来伊川。
> 还归空山上，独拂秋霞眠。
> 萝月挂朝镜，松风鸣夜弦。
> 潜光隐嵩岳，炼魄栖云幄。
> 霓裳何飘飖，凤吹转绵邈。
> 愿同西王母，下顾东方朔。
> 紫书傥可传，铭骨誓相学。

这算是李白遥寄给焦炼师的一封书信，他也热切希望焦炼师能收到这封信。李白一直将自己比作东方朔在世，传说东方朔在人间时，天上的西王母特意降临人间拜访。李白也希望自己能遇到焦炼师，跟着她一起遁入空门，学习仙道。

遍访焦炼师不遇，仿佛暗示着李白到了该离开的时间。在山中隐居的这段日子，李白感到内心有着从未有过的宁静和轻松。只可惜他并不属于这里，更大的梦想还在等待着他去实现。

元丹丘有些心疼李白，他知道，凭李白这样单纯直爽的个性，一旦踏足官场之中，等待着他的将是怎样一番波折与失望。可是，他也懂李白。若不让他去拼一拼，他无论如何也不会甘心。

既然分别之日早晚会到来，元丹丘也不对李白过多挽留。他祝福李白在长安会有全新的机遇，也希望他能一飞冲天，实现自己的抱负。

天下无不散之筵席，哪怕再深的友情，再欢乐的相聚，终究还是难免分离。李白回想自己来到嵩山时的心境，是那样落寞与低沉。再看自己此刻的心境，又是踌躇满志。虽然已是秋日，落叶显得有些萧瑟，李白心中那饱满的热情，催促着他尽快奔赴那座承载着希望的城池。

临行之前，元丹丘特地交给李白一封书信。这封信是元丹丘写给自己的本家兄弟元演的，李白可以拿着这封信去投奔他，元演一定会好好招待李白。

这便是真正的友情，你累了，给予你温暖的避风港；你休息够了，再为你打点前路，送你踏上征程。

何人不起故园情

对于李白来说，友情似乎是比爱情更强大的动力。他狂放一生，背后是无数好友的扶持。在李白的生命中，元丹丘是最重要的人之一。他们的友情不仅建立在相同的志趣之上，更因为他们心底都同样纯净。

离别，是又一段征程的开始。友情是永远都倾诉不尽的，当分别到来，唯有一杯清酒饱含道不尽的离愁别绪。

一场送别宴，李白已经饮得半醉。到了船上，悠悠流水晃动着船身，李白只觉醉意袭来，蒙眬睡去。当一觉醒来，天色已晚。前方不远处便是龙门寺，这便意味着离洛阳城已经不远了。夜深不便赶路，李白决定就在龙门寺中投宿一夜。

酒意加上赶路的辛苦，让李白一进入龙门寺的客房，便再也抵挡不住睡意。这一觉，他睡得那样沉，过了今夜，他将再次投身于那浑浊的求仕之路。

谁知，这一觉竟没能睡到天明。夜半时分，李白忽然从梦中醒来，环顾四周，夜色深沉，不知为何，一抹愁绪竟袭上心头。或许,这愁绪是源自未知的明天吧。他并不知道京城中等待自己的是什么,自己的努力是否会换来好消息。

对着凄冷的月,李白再无睡意。他想对自己说些什么,算是对自己的一番鼓励:

冬夜醉宿龙门,觉起言志

醉来脱宝剑,旅憩高堂眠。
中夜忽惊觉,起立明灯前。
开轩聊直望,晓雪河冰壮。
哀哀歌苦寒,郁郁独惆怅。
傅说版筑臣,李斯鹰犬人。
欻起匡社稷,宁复长艰辛。
而我胡为者,叹息龙门下。
富贵未可期,殷忧向谁写?
去去泪满襟,举声梁甫吟。
青云当自致,何必求知音?

一盏烛火,照耀着李白的忧愁。他打开窗户,放眼望去,天已拂晓。初冬时节,窗外飘起细碎的雪花,河面上不知何时已经结了冰,看上去颇为壮观。身边没有了友人的慰藉,李白只觉得雪冷心寒,那略显哀戚的诗句,便是对苦寒之夜的咏叹。

此刻,他有些郁郁寡欢,独自惆怅。一介白衣的身份,仿佛成为跨越不去的门槛。与其这样苦苦拜谒,倒不如参加科举来得轻松。可像科举这样的"捷径",偏偏是李白不屑于走的。谁说白衣不能登堂拜相？殷商时期的宰相傅说，不是曾经做过夯土的差事吗？协助秦始皇一统天下的宰相李斯，曾经也只是个鹰犬狩猎人而已。

古人大多是经历了长期的艰辛后，才担得起匡扶社稷的大任。想到此处，李白有些瞧不起自己。在龙门客栈里独自叹息算什么能耐？未来的富贵是不可预期的，纵然满腔忧愁无处诉说，也不应把时间浪费在自怨自艾上。

他不愿在此地久留，当天一放亮，便与龙门客栈作别。想要青云直上，必须靠自己的努力，何必苦苦寻求所谓的知音来举荐自己？

一首诗写罢，李白的心境也渐渐打开。过去的失意已经被他抛诸脑后。他希望在洛阳城中等待他的将是全新的机遇。

在洛阳城，李白独自消耗了整个严冬。寒冷的天气更让人想家。细数起来，他与紫烟已经分别整整三载了。自从成亲以后，紫烟便是他的家。同时，远在蜀中的父母，也是李白最大的牵挂。许多次他想义无反顾地折返安陆，带着紫烟和女儿平阳一同回到蜀中，在父母身边尽孝，享受平常人家最普通的快乐。

可是，若真的这样，李白又十分不甘心。好男儿志在四方，他尚未获得任何功名，以白衣身份还乡，他总觉得对不起家人的殷切期盼。

直到春风温暖了脸颊，桃花红了两岸，李白才终于感受到了人间的生机勃发。万物复苏的时节，遍地都是崭新的生命，对于一个追求功名的人来说，或许也是一个崭新的开始。李白仿佛有一种预感，他人生中的转机即将到来。

离开嵩山时，元丹丘曾再三叮嘱李白去投奔元演。只是到了洛阳之后，李白一度心情不快，他不愿把这样的心情带给别人，直到此时心情好转，他才带着元丹丘的书信拜访元演。

果然像元丹丘说的那样，元演一见到李白便热情无比。像李白这样腹有诗书又志向远大的人，是元演最钦佩的。在见到李白之前，元演已经不止一次从元丹丘那里听过他的大名。这一次与李白相见，元演自然免不了盛情款待。

元演很快便为李白重新安排了住所，并带着李白在洛阳城中四处游玩。洛阳是盛唐的东都，虽不是真正的京城，却也有着京城般的繁华喧嚣。这里遍布名胜古迹，有数不清的美食。在元演的带领下，李白每天都十分尽兴，到了晚上，元演又好酒好菜热情招待。

洛阳的夜晚，与白天仿佛两个世界。当暮色降临，洛阳便退去白日的喧嚣，变得无比宁静。那一夜，元演因为有事，将李白独自留在客栈。自从认识元演，李白没有像今夜这般独处过。他的内心是宁静的，在静谧的夜里，心境无比舒畅。

不知从何处传来一阵悠扬的笛声，在静夜时分是那样清晰。那笛声曲调婉转，一下子吸引了李白。他侧耳细听，原来是一曲《折杨柳》。

断断续续的笛声，让李白更无睡意。越是深夜，越容易触动一个离家旅人的羁旅情怀。他并不知道这笛声是从何处传来，更不知是谁吹响了这笛声，只觉得这笛声仿佛是特意吹给自己听的，专门为了牵动他的离愁之弦。

自从听到这曲《折杨柳》，李白只觉得笛声仿佛无处不在，无处不闻，似乎笛音已随着春风，遍布洛阳城。这曲调触动了李白的思乡之情。《折杨柳》本就是送别之曲，古人在送别时，都会折一枝杨柳，取"留"的谐音，盼望亲友早日归来，表示自己的依依惜别之情。据说长安城中的灞桥便是最出名的送别之地，那里的杨柳已被送行之人攀折殆尽。

李白耳中听到的曲调，是那样哀怨幽咽，充满了伤离别之情。这首曲调已经流传了几百年，据说早在晋朝太康末年，长安与洛阳一带便流行《折杨柳》歌。到了北朝，又流行《折杨柳歌辞》，说的都是乡愁。

在初春的深夜，客居他乡之人更容易多愁善感。这样的曲调让李白想要写点什么，抒发一下自己的游子思乡之情：

春夜洛城闻笛

谁家玉笛暗飞声，散入春风满洛城。

此夜曲中闻折柳，何人不起故园情。

仿佛只有写下这样的诗句，思乡之情才能得到些许缓解。只不过，李白刚刚思念的是故乡蜀中。此刻，他又开始思念远在安陆的紫烟。

古人总喜欢为《折杨柳》的曲调填词，李白今日也打

算填词一首,送给紫烟:

折杨柳

垂杨拂绿水,摇艳东风年。

花明玉关雪,叶暖金窗烟。

美人结长想,对此心凄然。

攀条折春色,远寄龙庭前。

李白知道,紫烟一定也正在思念着自己。于是,他以紫烟的口吻填写了这首诗。诗中的"美人",便是代指紫烟。春天来了,垂杨荡漾在白山绿水之间飘荡出柔美的姿态。在生机蓬勃的春日里,百花争相开放,可是只要思念起身在远方的李白,紫烟一定倍感惆怅。李白似乎可以看见紫烟独自站立窗前,凭窗眺望,心中有无限离愁。若是可以,紫烟一定会攀折下一根柳条寄送到李白面前,以表自己的相思之情。

只有将心中的情感宣泄出来,李白才能踏实睡去。第二日,元演便兴冲冲地告诉李白,洛阳城中的桃花已经盛开,他要带李白去天津桥,好好感受一番洛阳城的景致。

据说站在天津桥上能欣赏到最美的桃花春景。两人早早赶来占据了一处绝佳位置。李白看着洛阳城中的桃花李花掩映着千家万户,花蕊上还沾着新鲜的露珠,花朵悬挂枝头,窈窕多姿,的确是一番美景。

两人在桥上赏了好一会儿桃花,直到饥肠辘辘才恋恋不舍地离去。黄昏时分,李白和元演再次从天津桥边路过,却发现早上还娇嫩欲滴的桃花,竟然有许多已经枯萎掉落水中,随着流水东去了。

　　流水波浪前后追逐,从古至今一刻都不曾停留。就好像永远都不会停下来的时光,匆匆带走多少人的青春。再看桥上忙着欣赏桃花的游客,已经不是早上那一群人。想必天津桥已经见惯了这样的场景吧,站在桥上赏花的游客,新人旧人一拨又一拨,年年面孔都不同。

　　远处的夕阳伴着霞光,照亮了半个洛阳城。到了王公大臣们下朝的时候了,他们都穿着绚丽夺目的衣服,就连他们的马都戴着黄金做的络头,在夕阳下闪出耀眼的金光。王公大臣们的架子好大,他们的车马行走在路上,飞扬跋扈,行人们纷纷匆忙躲避。

　　即便不用刻意猜想,李白也知道,他们回到家后,一定是山珍海味,高朋满座,莺歌燕舞。他们想的是及时行乐,却有谁为国家的前途思虑呢?功成名就而身不退,自古以来有几人能有好的结局?

　　当年秦朝宰相李斯在临终之前曾经叹息:不如早一点儿牵着黄犬去打猎。同样,西晋的石崇因为爱妾绿珠而导致满门抄斩,难道这些还不是前车之鉴吗?唯有范蠡及早隐退,带着西施泛舟江湖,总算是过上了无拘无束的生活。

　　在洛阳城中见到的景象,让李白更加确信,这里实现不了他的理想。留下一首《古风》,李白作别了洛阳城:

　　　　天津三月时,千门桃与李。
　　　　朝为断肠花,暮逐东流水。
　　　　前水复后水,古今相续流。

新人非旧人，年年桥上游。
鸡鸣海色动，谒帝罗公侯。
月落西上阳，余辉半城楼。
衣冠照云日，朝下散皇州。
鞍马如飞龙，黄金络马头。
行人皆辟易，志气横嵩丘。
入门上高堂，列鼎错珍馐。
香风引赵舞，清管随齐讴。
七十紫鸳鸯，双双戏庭幽。
行乐争昼夜，自言度千秋。
功成身不退，自顾多愆尤。
黄犬空叹息，绿珠成衅仇。
何如鸱夷子，散发棹扁舟。

离开洛阳，李白前往襄阳。因为他听说唐玄宗在广纳贤才，派下十道采访使［唐初于各道设按察使。唐开元二十一年（733）分全国为十五道，每道置采访处置使，简称采访使，掌管检查刑狱和监察州县官吏］，到各地网罗人才，设在襄阳的道使是距离李白最近的地方。担任襄阳道使的人叫韩朝宗，坊间说："生不愿封万户侯，但愿一识韩荆州。"

光是百姓的这番争相传颂便让李白相信韩朝宗是个懂得辨识人才的官员，他要去投奔韩朝宗。与此同时，孟浩然恰巧也在此地，李白可以与老友相见。

得知孟浩然与韩朝宗算是旧相识，遂向他引荐李白。

李白对韩朝宗寄予了极大的期望，认定他是自己的伯乐。对于自己的才华，李白信心十足，他相信，即便韩朝宗对人才的要求极高，自己的才华也一定能达到他的要求。

按照惯例，刚上任的韩朝宗会宴请当地贤士，孟浩然也在受邀之列，李白展现自己的机会到来了。

那一日，众人纷纷向韩朝宗行大礼，偏偏李白却与众不同地作了一个长揖。这一举动的确给韩朝宗留下了深刻的印象。李白特意撰写了一篇《与韩荆州书》，呈送给韩朝宗。他在文中将自己的身世如实陈述，又讲述了屡次拜谒失败的经历。最后，他将韩朝宗称赞了一番，表达自己的雄心壮志，以此希望获得韩朝宗的赏识，同时，再三表明心迹，称自己只认定韩朝宗一人，如能获得重用，定要用生命去回报。

李白的文采，的确令韩朝宗惊艳。只是从李白的字里行间，韩朝宗总能读出一些咄咄逼人的语气。这样桀骜不驯之人是最不好管束的，韩朝宗已打定主意，无论如何不能把李白推荐给朝廷。李白的满腔热忱又被兜头泼下一盆冷水。

美酒不辜负岁月

经历了岁月的苍凉，心中难免彷徨。人生苦短，一不留神，岁月便悄无声息从背后溜走。可是对于失意的人来说，哪怕是一秒钟，也是漫长难熬的。即便周围人声鼎沸，心底依然难掩寂寥。

谁不喜欢快乐的人生？谁又不希望能将欢乐长久留住？有诗有酒才算不辜负岁月。欢乐本来就是生命的意义。

只可惜，经历过悲伤的人更觉得现实残忍。一次又一次的拜谒，换来的是一次又一次的失败。那一刻的李白，忽然有些怀疑人生。他觉得唯有醉了，世界才变得美妙一些。或许这算得上一种逃避，但对李白而言，暂时逃离现实，会让他重拾信心。多年以后，整理心情，便可以从头来过。

这一次，江夏成为李白的伤心地。他在这里偶遇大诗人宋之问的弟弟宋之悌。宋之悌与李白有旧交，他比李白幸运一些，在朝廷里担任过右羽林将军、益州长史、剑南节度使、太原尹等职务。李白最大的梦想便是能在朝中担任实职。对宋之悌，他多少是有些羡慕的，因此便更愿意与他亲近。

然而，这一次重逢竟在悲伤之上更添悲伤。不知为何，曾经的朝臣宋之悌竟然沦为阶下囚，被流放交趾，此次是途经江夏，与李白不期而遇。

两个失意的人重逢，悲伤更胜。宋之悌已近暮年，不承想竟遭遇如此变故。这让李白更感慨世事无常，官场的风云真的是变幻莫测。他虽正值盛年，也不由得想到自己的未来，拜谒无门本就忧心，即便获得一官半职，也难保不会落得和宋之悌同样的下场。

李白一直将宋之悌送到江边，却还是依依不舍。宋之悌要去的地方，远在千里之外。他们都知道，或许此次分别便是永别。然而即便如此，李白却不愿意哭哭啼啼作小女儿之态，他早已为宋之悌准备好饯行酒，这才是男子汉应有的洒脱。

所有情意，尽在酒里。李白先饮一杯，烈酒激发诗兴，他愿以诗代泪，作为对宋之悌的临别馈赠：

江夏别宋之悌

楚水清若空，遥将碧海通。

人分千里外，兴在一杯中。

谷鸟吟晴日，江猿啸晚风。

平生不下泪，于此泣无穷。

呈现在他们眼前的，是仿佛遥遥与碧海相通的澄澈江水。"若空"，便是澄澈到了极致。就如同李白在《望庐山瀑布》中所写的"江月照还空",亦如他在《前有一樽酒就行》所写的"玉壶美酒清若空"。

酒杯中盛的是"兴",却并非兴致,而是悲哀。就将所有的悲哀一口饮下吧,洒脱的男儿就应如此豪放。因为,即便不饮下悲哀,又能奈悲哀若何呢?酒虽少,但情意深重。李白希望宋之悌饮下的也不是酒,而是李白对他浓浓的友情。

最值得寻味的,便是颈联这两句:"谷鸟吟晴日,江猿啸晚风。"送别时的天气明明就是晴朗的,但李白的心情却一点儿也高兴不起来。上一句的晴朗,偏偏就映衬出下一句的凄凉。猿啼之声本就是悲凉的,正如李白此时的心境。几声猿啼从远处传来,险些催断离人的愁肠。

他半句都未曾提到不舍,却将自己对宋之悌的不舍之情宣泄于无声中。像李白这般豪爽的人,平生是很少落泪的,但此时,他的泪却止不住地流。然而,宁愿相信李白的泪是流在心里的,在宋之悌面前,他故作镇定,强颜欢笑,生怕再惹宋之悌伤心。

李白原本是打算在江夏散散心,排遣失败的愁情。可是送别宋之悌之后,游山玩水的心情荡然无存。李白索性返回安陆,回到家里与妻女为伴,一边耕田,一边读书。

就在此时,元丹丘与元演一同登门拜访,原来,他们二人打算到随州拜访元丹丘的师傅紫阳道人,特来邀李白同行。回想上一次与紫阳道人相见的情形是那样难忘,李白毫不犹豫答应随二人同往。

他们四人时常彻夜谈经论道，总是到了天光大亮，依然意犹未尽。紫阳道人最精于炼丹之术，李白便随着他一同学习炼丹术，虽然并未学到什么精髓，但总算满足了李白对仙道之术的兴趣。

一日，紫阳道人在餐霞楼宴请道友以及李白三人，餐霞楼取"风餐露宿"之意，蕴含了道家人的出尘脱俗的气质。在席间，紫阳道人向众道友隆重介绍李白，众人看李白气宇轩昂，有如谪仙，对李白也颇有好感。

对于李白来说，这相当于紫阳道人对自己的一场送别宴。他虽然羡慕紫阳道人和元丹丘这般归隐山林的生活，但他自己却还是向往红尘。酒宴未散，他便提笔在墙壁上写下一首《题随州紫阳先生壁》：

神农好长生，风俗久已成。
复闻紫阳客，早署丹台名。
喘息餐妙气，步虚吟真声。
道与古仙合，心将元化并。
楼疑出蓬海，鹤似飞玉京。
松雪窗外晓，池水阶下明。
忽耽笙歌乐，颇失轩冕情。
终愿惠金液，提携凌太清。

在宴席上，元演告诉李白，他想留下来享受一段隐居山林的生活。一想到自己即将独自下山，奔赴令人失望的现实世界，李白对眼前的好友有些不舍，于是又写下一篇《冬夜于随州紫阳先生餐霞楼送烟子元演隐仙城山序》：

> 吾与霞子元丹、烟子元演,气激道合,结神仙交,殊身同心,誓老云海,不可夺也。历行天下,周求名山,入神农之故乡,得胡公之精术。胡公身揭日月,心飞蓬莱,起餐霞之孤楼,炼吸景之精气。延我数子,高谈混元,金书玉诀,尽在此矣。白乃语及形胜,紫阳因大夸仙城,元侯闻之,乘兴将往。别酒寒酌,醉青田而少留;魂梦晓飞,渡漆水以先去。吾不凝滞于物,与时推移,出则以平交王侯,遁则以俯视巢、许。朱绂狎我,绿萝未归,恨不得同栖烟林,对坐松月。有所款然,铭契潭石,乘春当来,且抱琴卧花,高枕相待。诗以宠别,赋而赠之。

作别紫阳道人、元丹丘、元演三人,李白重回安陆。闲居的日子无比清净,一个冬春就这样悄悄过去。转眼又到了夏初时节,百花盛开,赏花饮酒的生活,终于让李白从之前的失意中恢复过来。

这天,李白收到了好友元演写来的一封书信,从信中得知,元演的父亲当上了太原尹,他打算结束隐居生活,邀请李白和元丹丘同游太原。只可惜元丹丘要去峨眉山修炼,元演只好单邀李白一人。

和元演在一起的回忆是快乐的,李白喜欢和志趣相投的人在一起。接到元演的邀约,李白迫不及待打点好行装,即刻出发,将一切烦恼抛在脑后,珍惜眼前的欢乐才是真正的洒脱。

在太原,李白受到元演父子的热情款待。尤其是元父早已久仰李白的大名,这次相见,更加认可李白的才华。他愿意让儿子和李白在一起,很少见外的李白更是完全在元父面前放得开,好酒好菜摆在面前,何不痛饮一场?

接风洗尘过后,自然要去游览太原的名胜古迹。元演陪着李白同游晋祠,在晋水之上泛舟游玩。美人、美酒、美妙的歌声,让李白陶醉。他几乎忘记了之前发生的所有不快,宁愿时光就停留在此刻,不愿再去回想那些悲伤的记忆。

及时行乐,李白向来赞成。泛舟之后,他们又一起爬上恒山。李白最爱山水,那里总能激发出他的诗兴。恒山的峰峦叠嶂,如同一幅泼墨山水,李白不由得感叹大自然的鬼斧神工。山中陡峭的石阶上长满青苔,有些不好走,仿佛人生之路,本就坎坷崎岖。一直爬上几乎高接云天的悬空楼阁,李白的万丈豪情终于再度被激起。他忍不住挥毫泼墨,在山顶的一块巨石上留下"壮观"二字。

在太原,李白一直逗留到初秋时节。一首《太原早秋》,述说了李白当时的心境:

> 岁落众芳歇,时当大火流。
> 霜威出塞早,云色渡河秋。
> 梦绕边城月,心飞故国楼。
> 思归若汾水,无日不悠悠。

时至七月,许多花儿已经开始凋落了。塞外的霜,总是比别处来得更早;黄河以北的秋色,也显得比南方更浓。身处他乡,故乡的景色只能出现在梦中。然而梦醒之后,心却已经飞回故土。李白忽然意识到自己对家乡和亲人的思念。

"悠悠"二字，道出了李白绵延不断的忧郁思归之情，就如同滔滔汾水时刻萦绕心头。诗人经常用"流水"代表情绪，就如同李煜的"问君能有几多愁，恰似一江春水向东流"。流水般的情愁，便一下子生动了起来。

那天晚上，李白再也睡不着。他抬头仰望天上的月亮，忍不住思念远在家乡的亲人，一颗心也仿佛回到了家人的身旁。

紫烟的人生，大多是在等待中度过的。每当李白的脚步踏上一片安陆之外的土地，紫烟便要忍受他的不知归期。李白这一次离家转眼又是大半年时间。紫烟好不容易盼到李白归来，李白却又被元丹丘的一封书信牵动了脚步。

自从那一日在随州分别，李白回了安陆，元丹丘回了嵩山。没过多久，一个名叫岑勋的年轻人来到嵩山，到元丹丘处寻找李白。李白并不认识这个年轻人，岑勋也只是慕名而来。他听说李白与元丹丘一同在嵩山隐居，便不远千里前来寻访。谁知当岑勋赶到嵩山时，李白却早已不在此处。

元丹丘见岑勋诚心而来，不忍心让他失望而归。于是将岑勋留了下来，又给李白写去书信，邀他前往嵩山一聚。

从未有人像岑勋这样因为仰慕李白的才名而不远千里赶来探访，他的诚意打动了李白，更让李白在屡屡受挫的经历中找到些许自信。他觉得岑勋是个有眼光的人，这样想着,对岑勋也心生几分好奇,打算赶往嵩山去会他一会。

得知李白即将赶来,岑勋大喜过望,安心在嵩山等待。一见到岑勋,李白就知道他们是志趣相投之人。岑勋身上有着超越真实年龄的稳重,有时李白狂放起来,倒更像是岑勋的后辈。

一个人是否与李白投缘,最重要的便是能否和李白纵情饮酒。李白有酒量,岑勋也不差,酒逢知己,自然免不了痛饮一番。

为了酬谢岑勋不远千里探访之情,李白特地写诗相赠:

酬岑勋见寻就元丹丘对酒相待,以诗见招

黄鹤东南来,寄书写心曲。倚松开其缄,忆我肠断续。
不以千里遥,命驾来相招。中逢元丹丘,登岭宴碧霄。
对酒忽思我,长啸临清飙。塞予未相知,茫茫绿云垂。
俄然素书及,解此长渴饥。策马望山月,途穷造阶墀。
喜兹一会面,若睹琼树枝。忆君我远来,我欢方速至。
开颜酌美酒,乐极忽成醉。我情既不浅,君意方亦深。
相知两相得,一顾轻千金。且向山客笑,与君论素心。

嵩山之巅,一张酒桌承载着三个人的情谊。滚滚黄河之水从眼前奔流不息,仿佛从天上倾泻下来,翻卷着巨大的波涛,奔涌向前。这般气势像极了李白奔赴理想的模样,他就如同眼前的黄河水,只知向前奔流,从不考虑掉头。只要是他认定的目标,哪怕遭遇万般挫折,也要不顾一切地追求:

将进酒

君不见，黄河之水天上来，奔流到海不复回。

君不见，高堂明镜悲白发，朝如青丝暮成雪。

人生得意须尽欢，莫使金樽空对月。

天生我材必有用，千金散尽还复来。

烹羊宰牛且为乐，会须一饮三百杯。

岑夫子，丹丘生，将进酒，杯莫停。

与君歌一曲，请君为我倾耳听。

钟鼓馔玉不足贵，但愿长醉不复醒。

古来圣贤皆寂寞，唯有饮者留其名。

陈王昔时宴平乐，斗酒十千恣欢谑。

主人何为言少钱，径须沽取对君酌。

五花马，千金裘，呼儿将出换美酒，与尔同销万古愁。

这是李白写下的一首劝酒歌，却并非单纯劝酒，而是在抒发自己心中的悲喜与豪情。多年拜谒失败带来的苦闷，终于来了一次淋漓尽致的释放。

李白诗句中的气势磅礴，从一开篇便扑面而来。他永远是充满想象力的，整个世界在他眼中仿佛都被无限夸张放大。可越是如此，他心中的悲苦仿佛便比别人更多一些。

回望过去的三十多年，李白可谓是一事无成；再望前路，又茫然不知该去往何方，让他如何不悲叹？

李白很少像现在这样伤感，不过以他的个性，即便是伤感也会很快平复。他永远懂得如何安慰自己，人生最重要的并非功名利禄，眼前的开心才是实际的。索性什么都不要去想，纵情喝酒吧。

在李白眼中，每个人生下来就必定会有其用处；千两黄金散尽，也还会再有。人经历一些失败又何妨？只要还活着，希望就还在。

他忽然有些嘲笑自己的伤感，大好时光不要被那些世俗之事困扰。在懂得欣赏自己的好友面前，哪怕痛饮三百杯也无妨。

那些钟鸣鼎食的生活固然好，但即使过不上这样的生活，又有什么可惜的呢？此刻的李白只希望长醉于酒乡之中，永远都不要醒来。他承认自己的心是寂寞的，可是古圣先贤又有谁不是寂寞的呢？只有那些喝酒的人才能流传美名。

其实，说是看得开，此刻的李白又怎么可能看得开？对这个世界，他还是有一些失望的。过往的种种不如意，甚至让他有些想逃避现实。只有一直醉着才看不到社会的残酷，能获得暂时的开心。

回想三国时期，陈留王曹植被兄长魏文帝曹丕嫉妒，遭到放逐。失意的曹植也是靠饮酒度日，沉醉于酒乡之中，才能勉强摆脱一些残酷的现实对内心的折磨。

李白觉得自己此刻和曹植的遭遇一样，甚至心生惺惺相惜之感。

可惜，即便酒醉也终有酒醒的那一刻。现实中的一切苦痛，都不会因为醉了一场酒而减少半分。像李白这样心高气傲的人，总是对人生抱着极高的期望。可越是如此，失望的打击便越是沉痛。

浮生若梦，为欢几何

人生仿佛一场梦，活着时如同随波逐流的浮萍，死了后反倒如同在闭目养神。细数一个人的一生，真正拥有的欢乐时光又有多少？天与地，仿佛世间万物的一间客舍，人们世代更迭不过都是天地间的过客。

有时候李白也会想，古人在夜间手执蜡烛游园，仿佛是比追名逐利更有意义的事情。美好的春日总是用艳丽的景色召唤着世人，将大自然最美好的一切毫无保留地展现在世人面前，那么人们为什么不能真正陶醉于其中呢？

从嵩山归来，李白安心在安陆过着耕种的生活。这样的日子持续了近一年，波澜不惊，虽然平淡却也安稳。

一日，李白的几位堂弟突然造访。李白生性喜欢热闹，看到亲人到来自然十分欢喜。最重要的是，几位堂弟都是好酒之人，终于有人能陪他畅饮一番了。

李白将酒桌安置在桃花飘香的花园中，兄弟之间推杯换盏，畅谈着彼此之间快乐的往事。几位堂弟虽然不像李白声名远扬，但也个个满腹经纶，有着南朝文学家谢惠连般的才情，谢灵运"见其新文，每曰：'张华重生，不能易也'"。酒过三巡，堂弟们嚷着让李白赋诗一首，可李白思度半天也没有想出好诗句。他有些惭愧，自己的才华竟然连谢灵运也比不上。可是堂弟们不肯就这样轻易放过他，既然一时半刻写不出好句，那就针对时势好好地高谈阔论一番吧。

这正是李白擅长的，对于政治，他有属于自己的想法。不过，李白的政治观点总掺杂着他与生俱来的浪漫主义。几位堂弟虽觉得他说得有道理，却也知道那过于理想的政治主张终究是无法实现的。于是，有人悄悄转移了话题，将谈话的内容引到诗书上来。一番高谈阔论转变为清雅的文学探讨，这同样也是李白的兴趣所在，诗书与美酒，总算不辜负这迷人的月光。

有人提议每人赋诗一首，如果有人作不出来，便要仿照当年石崇在金谷园宴客赋诗的先例，罚酒三杯。

一个美好的夜晚，就这样在诗酒中度过。李白聊得尽兴，饮得痛快。只是当宴席散去，花园中重归宁静的时候，想到年轻的堂弟们个个踌躇满志，英姿勃发，李白忽然感叹光阴易逝。他已经三十八岁了，最美好的青春年华已经一去不返。如果还不能有一番作为，难道真的就要庸庸碌碌一生吗？

这注定是一个不眠之夜。辗转反侧之间，李白陷入深深的沉思。他想知道，上天为何要让北斗星预告春的消息，每当北斗星的斗柄指向东方，春天便会如期来临。春天是百草茂盛、百花芬芳的时节，他常常在春日里登上高处，极目远眺，一直看到天尽头那模糊的云海。他的魂魄仿佛也飞向春色之中，只不过李白感受到的并不是畅快，而是悲哀。

不知不觉，两行清泪从李白的脸颊流淌下来。他吟咏着清风和沧浪之歌，怀念着曾经去过的洞庭湖。虽然他人还在家中，心却已经随着春风四处飘荡。今年的春天就要过去了，一想到这样美好的季节总是稍纵即逝，李白便觉得遗憾不已。

谁都留不住春天的脚步，李白也无法挽留住美好的时光。他眼见着自己一天天衰老下去，身体也不似年轻时健硕。他甚至有些恨自己，为什么没有能力在天空中挂一根长绳，将太阳和月亮都拴住，不让它们继续向西飞行。

在官场，总是找不到志趣相投之人。可李白还是不甘心，思来想去，他打算再次离家。这一次，他要去更远的地方，打算游遍淮南道和江南，他不相信自己遇不到真正的伯乐。

不过，出远门需要一大笔钱，李白此时已经囊中羞涩。他想到了元丹丘，或许元丹丘会支持自己的想法吧。

第二日，李白便启程直奔嵩山。他向元丹丘表明自己的来意。元丹丘爽快答应，会尽自己所能，给予李白资助。

这是一场短暂的相逢，李白没有过多停留，几日之后便作别元丹丘，离开嵩山。临别之前，元丹丘尝试着对李白进行挽留，希望他能留下来和自己一同参道。李白一直将元丹丘看作异姓兄弟,其实,对于官位与爵禄,李白并非真的那么有兴趣,只是觉得身为男子,如果不能成就一番事业,无法对得起自己最爱的那片风景。

面对元丹丘的挽留,李白有那么一刹那也想留下来,可是一想到刻骨铭心的愿望没有实现,青春也在急遽衰老,便不敢再浪费时间。活在世上的这三十八年,他失去太多,得到太少。光阴易逝,纵然百年也不过弹指一挥间。他必须抓紧时间,投奔自己的前程。不过,李白也希望元丹丘不要改变自己的本色,如闲云野鹤一般悠闲自在地生活着,等待他有朝一日实现夙愿,再归来与他一同修道炼丹。

于是,李白写下一首诗,作为对元丹丘的回答,也是对他的临别赠言:

颍阳别元丹丘之淮阳

吾将元夫子,异姓为天伦。
本无轩裳契,素以烟霞亲。
尝恨迫世网,铭意俱未伸。
松柏虽寒苦,羞逐桃李春。
悠悠市朝间,玉颜日缁磷。
所失重山岳,所得轻埃尘。
精魄渐芜秽,衰老相凭因。
我有锦囊诀,可以持君身。
当餐黄金药,去为紫阳宾。
万事难并立,百年犹崇晨。
别尔东南去,悠悠多悲辛。

前志庶不易，远途期所遵。

已矣归去来，白云飞天津。

作为一名隐居修道之人，元丹丘能资助的财物毕竟有限。更多的盘缠还要李白自己想办法。好在李白还有一身才华，所到之处总能获得一些人的赏识，光是靠写诗，也能换来一些赏钱。

离开嵩山，李白先是来到陈州，在这里盘桓了数日，元丹丘所赠的银子已经所剩不多了。在陈州，李白结识了一个姓侯的朋友，他在家中排行十一，李白便直接称他为"侯十一"。唯有关系亲密的朋友之间，才会用姓氏加上排行来称呼彼此，可见李白与侯十一都将彼此当作交心的朋友。

侯十一与李白一样都是白衣，与李白相比，侯十一的生活还要更拮据一些。李白向来把金钱当作身外之物，在陈州，他几乎日日做东请侯十一吃饭，很快，仅剩的那些银两也花光了。

听说侯十一要去投奔亲属，身上没有盘缠，同样囊中羞涩的李白解下身上佩戴的湛卢剑，慷慨地对侯十一说："我自己也像当年游陈国的孔子一样，流落在外，好几天没有吃上热饭菜了，就把这柄天下无双的湛卢剑送给你，拿去换一些盘缠吧。"

将宝剑送与他人之后，李白真的是身无分文了。想起自己的一位昔日旧友正在宋城担任县令，于是李白去投奔他了。

这位宋城县令姓王，与李白是旧识。故友重逢免不了一番热情款待。他感叹李白生不逢时，一身才华却报国无门。只可惜这位王县令也不过是区区七品小官，连皇帝的面都见不到，更别提举荐李白做官了。

李白在宋城逗留了几日，临行之前，宋城县令特地送他到码头乘船，又将一个小包裹交到李白手中，并叮嘱他，等船开远了再打开看。

当船行驶到看不清岸边送行的人时，李白这才打开包裹，发现竟然是一包银子。原来宋城县令担心李白碍于面子不肯收，便用这样的方式送给李白。这般心思，让李白心中一阵温暖与感动。带着好友的馈赠，李白来到了下邳。

下邳县（今江苏邳州）的圯桥，是张良遇到黄石公的地方。当年的张良身为没落子弟，发誓要灭掉秦国，为韩国报仇雪恨。于是他寻到一名大力士，让其手持重一百二十斤的铁椎，埋伏在秦始皇出游的必经之路。当秦始皇的仪仗经过时，张良让那名大力士扔出铁椎，只可惜没有砸中秦始皇的车。张良只得仓皇逃走，隐姓埋名，逃到下邳。

一日，张良在圯桥上偶遇一名老者，他冲着张良喊道："小子，把我的鞋捡上来。"张良本不情愿，但看到老者白发苍苍，只好默默照做。没承想，老者竟让张良帮他把鞋穿上，张良也照办。老者并不言谢，只是笑了笑便走开，过了一会儿又折返回来，说道："孺子可教，五日后一早在此等我。"

张良来不及细问，老者已经走远。五日以后，张良如约赶来，老者已经等在桥上，怒气冲冲地说："你这个年轻人，如此懒惰，五日后再来吧。"五日以后，老者又比张良早到，张良又遭到一番训斥，只得又等五日再来。这一次，张良特意在前一日的半夜赶到，等了好一会儿，老者才出现。这一次，老者非常满意，拿出一本书，对张良说："此书可当王者之师，十年后定能成功。十三年后来见我吧，我是济北谷城山下的黄石。"

张良仔细一看，这本书竟然是《太公兵法》。他捧着此书日夜苦读，终成一代名将，辅佐刘邦建立汉室。

站在圯桥上，李白心生感叹，为何自己就遇不到像黄石公这样的伯乐呢？桥上空荡荡的，只有李白一人，他的满腹牢骚也只能寄托于纸上：

经下邳圯桥怀张子房

子房未虎啸，破产不为家。
沧海得壮士，椎秦博浪沙。
报韩虽不成，天地皆振动。
潜匿游下邳，岂曰非智勇？
我来圯桥上，怀古钦英风。
唯见碧流水，曾无黄石公。
叹息此人去，萧条徐泗空。

李白从下邳又来到了淮阴，这里是韩信的故乡。若是没有赠饭的漂母，便不会有后来的韩信。李白忽然想到宋城县令，若是没有他的资助，自己或许早就前路难行了。

宋城县令赠金之举，李白还没来得及感谢，想到此处，他即刻提笔给宋城县令写信：

淮阴书怀寄王宗城

沙墩至梁苑，二十五长亭。

大舶夹双橹，中流鹅鹳鸣。

云天扫空碧，川岳涵余清。

飞凫从西来，适与佳兴并。

眷言王乔舄，婉娈故人情。

复此亲懿会，而增交道荣。

沿洄且不定，飘忽怅徂征。

暝投淮阴宿，欣得漂母迎。

斗酒烹黄鸡，一餐感素诚。

予为楚壮士，不是鲁诸生。

有德必报之，千金耻为轻。

缅书羁孤意，远寄棹歌声。

是啊，若真是有飞黄腾达的那一日，哪怕是千金都无法报答宋城县令如此的深情厚谊。李白始终坚信，前方不远处便是他的未来，可等待他的，将是一场巨大的悲哀。

第四章

欢喜成空·欲济苍生未应晚

仰天大笑出门去

所谓喜乐,大多只是镜花水月,空中楼阁。身处其中之人,却总是看不清真相。人若有太多追求,就必须要有更多舍弃。追求的是海市蜃楼,舍弃的是美好的眼前人。

李白一路追寻着自己的理想,来到了楚州安宜。行走至乡间,李白听到当地许多老人都在歌颂徐县令的事迹,说他治理政务游刃有余,从不挑三拣四,为官清廉。就连外乡人都冲着徐县令的名气来到安宜开垦定居。

再看安宜的现状,田垄间的小麦绿油油的,如同水浪一般好看;桑树在太阳的照耀下生机盎然,一派物阜民丰的景象。李白坚信徐县令是个好官,他想要去拜访一下,为自己谋求一个机会。

来到县衙门口,刚好有人来告状。李白站在衙门外观看徐县令审案,只见他一副威严的神态,审起案来条理清晰,不偏袒任何一方,更不冤枉好人。看到这里,李白更觉得自己拜谒有望。只是看到今日徐县令公务繁忙,不便打扰。

第二日，李白又来拜访。徐县令这一日明显清闲了许多，接见李白时，徐县令正在自家庭院中栽种橘树和橙树。一面接见李白，一面还忙着给刚栽好的树苗浇水。

徐县令没有官老爷的架子，对待李白十分亲切。看得出来，他对李白是真心欣赏的，李白也直言不讳地道明自己的来意，希望徐县令有机会能向朝廷引荐他。

仿佛只要徐县令在朝中说得上话，李白就真的有做官的机会。只可惜安宜县令同宋城县令一样，都是芝麻小官，他们自己尚且做不到高官，哪里还帮得上别人？

无论如何，徐县令给了李白满满的希望。辞别徐县令，李白出了城，一个人骑在马上，觉得阳光无比灿烂，空气也无比新鲜。黄鹂鸟在桑树上啄食着紫色的桑葚，吃饱喝足之后，站在桑树枝上欢快地鸣叫。

此时已是五月时节，李白四处奔走忙着拜谒，早已忘记了日子。他一直以为此刻还是阳春时节，直到看到桑葚饱满，才意识到初夏已至。

或许人到了一定年纪，便会因为季节的流转而徒增悲伤。刚刚还心情大好的李白，当感受到时光的流逝，竟然有一丝伤感。身为一名游子，不知何时才是归期。他无法停下自己的脚步，只能一面驱马继续前行，一面抚胸长叹，吟诵着自己的悲哀：

白田马上闻莺

黄鹂啄紫椹，五月鸣桑枝。

我行不记日，误作阳春时。

蚕老客未归，白田已缫丝。

驱马又前去，扪心空自悲。

似乎只有江南美景才能缓解悲伤的心境。李白曾经游览过苏杭等地，这一次他打算故地重游。

李白有一位堂侄名叫李良，在杭州担任刺史。他热情地接待了李白，并专程陪着李白乘船来到蓬丘岛，登上樟楼观赏著名的钱塘江潮。李良对李白非常重视，特意派五匹马拉的车载他出行，李白兴致高涨，观赏过钱塘江潮的壮观之后，又在李良的陪伴下游览天竺寺。

初秋时节，凉风清爽，吹得道路两旁的松树沙沙作响，仿佛一路伴着欢歌。李白坐在车内，挑开窗帘，仰望天空云卷云舒，心境慢慢开朗起来。在重峦叠嶂的山峰那边，就是大海，李白看到车窗外的江水奔腾，归流入海。他最爱盛唐这壮阔的江山，尤其热爱江南吴地的山清水秀。

在江南盘桓至深秋，也是到了该回家的时候了。从杭州返回安陆，途径巴陵，竟然与被贬官去往岭南的王昌龄偶遇。

王昌龄年长李白十岁，早在开元十五年（727）便高中进士，担任河南汜水县尉，不过是九品芝麻小官。在任上，王昌龄的主要工作只是听候长官差遣，十分无聊。于是，王昌龄继续发奋，考上博学宏词科，终于进入秘书省，只可惜品级并没有变动，依然还是九品。

官职虽小，雄心却大，只可惜用错了地方。一次酒后，王昌龄借着酒劲议论了一番朝廷党争的事情，言谈之中都在指责李林甫口蜜腹剑。没想到此事竟然传到李林甫耳中，王昌龄因此被参了一本，贬官岭南。

尚未进入朝堂的李白提前感受了一次世道凶险、人心险恶。他有些替王昌龄鸣不平，可转念一想，王昌龄至少还有官可做，而自己却拜谒十年，依然报国无门。

从短暂的交往中，王昌龄已经看出李白是内心激愤的人。这样的人其实不适合做官，在风云诡谲的官场中，像李白这样理想主义又心地单纯的人最容易沦为党争的炮灰。只可惜有些话不方便明说，王昌龄只将自己的深意融汇在送给李白的诗里：

巴陵送李十二

摇曳巴陵洲渚分，清江传语便风闻。

山长不见秋城色，日暮蒹葭空水云。

整首诗句句不提政治，却句句暗含政治。王昌龄希望李白即便进入朝堂，也不要轻易上书言政，只可惜李白并未体会到王昌龄的一片苦心。

作别王昌龄，李白没有在路上过多停留，直奔安陆方向。不知为何，最近他的内心总有一丝隐隐的不安，仿佛有什么不好的事情要发生。

果然，一进家门，李白便感觉家中与往日有些不同，气氛是那样的凝重。一双儿女没有在院中嬉闹玩耍，妻子紫烟也没有出门迎接。

原来，紫烟已经病倒多日，躺在床榻上的她面色苍白，更加消瘦。看到李白回来，紫烟甚至无力起身相迎。岳父告诉李白，紫烟已经一连多日起不来床了，大夫换了好几个，药也吃了无数，就是不见好。

岳父还说，他本想写信叫李白早些回来，紫烟硬是拦着不让。贤惠的紫烟不愿因为自己的病情耽误李白的前程，就这样苦苦支撑着，直到病情越来越重。

李白曾经以为，只要自己有出头之日，就会给紫烟一个更好的未来。可惜，他错过了现在，在追求仕途的过程中，他忽视了与紫烟的朝夕相处。

为了治好紫烟的病，李白四处遍请名医，只可惜大夫们给出的结论都是一样的：紫烟身子太虚，病情太重，撑不了几日了。

几个月后，紫烟病情加重，撒手人寰。抱着紫烟渐渐冰冷的身体，李白痛不欲生，他有些怀疑自己曾经苦苦追求的理想是否错了。他亲手将紫烟埋葬，又在紫烟的坟前亲手种植一株桃树。桃花是紫烟最喜欢的花，见证着她与李白之间的爱情。李白知道，自己无法在紫烟的坟前陪伴一生，只能让这株桃树代替自己，让九泉之下的紫烟不至于寂寞。

从此，安陆成了李白的伤心地，他再也无法居住下去。

此时，刚好有个亲戚在兖州任城做县令，他承诺可以资助李白。当时最著名的剑客金吾将军裴旻也住在那里，王维还专门写诗称赞他的剑术，李白有心向裴旻学习剑术，于是便带着一双儿女迁至东鲁，从此在那里定居。

在亲戚的资助下，李白置下数亩田地，总算是有了安身之所。一切安顿妥当,李白便打算拜裴旻为师,学习剑术。一日,李白行至汶水之上,一路走一路打听裴旻的住所。正巧遇到有一老翁路过,便彬彬有礼上前打听。

老者将李白从头到脚打量了一番,看他不像是富贵之人,言语之间便有些轻慢。他问李白:"你找裴旻有何事?"李白恭恭敬敬地回答:"晚辈一心想走上仕途,无奈一直拜谒无门。打算跟随裴旻学习剑术。"

听罢,老翁竟然哈哈大笑起来。他轻蔑地说:"看你的相貌,怎么看都不像是个能做大官的人,干脆也不要学什么剑术,回家安心种田吧。"说罢,便径直从李白身边走开。

李白一腔怒火积在心头,又不能向老人家发作,只能在心中发泄:愚昧的老者,竟然轻视我这样的有为壮士,他凭什么判断我不能飞黄腾达,他了解我吗?我能像鲁仲连那样将信绑在箭上,获得攻下聊城的大功,只不过暂时还没有受到皇帝的赏识而已。等我有朝一日去往长安,像大鹏展翅一样青云直上,看你还能说什么?一番愤慨之下,李白写下一首《五月东鲁行答汶上君》:

  五月梅始黄,蚕凋桑柘空。

  鲁人重织作,机杼鸣帘栊。

  顾余不及仕,学剑来山东。

  举鞭访前途,获笑汶上翁。

  下愚忽壮士,未足论穷通。

  我以一箭书,能取聊城功。

> 终然不受赏，羞与时人同。
> 西归去直道，落日昏阴虹。
> 此去尔勿言，甘心为转蓬。

李白终于找到了裴旻的住所，如愿以偿地跟随裴旻学习剑术。山东是孔子故里，多儒生，李白在学剑期间也结识了一些当地的学者。偶尔，李白也会与他们一起谈论四书五经，只是不知为何，那些鲁地的老叟在谈论《五经》时，竟然只能死守章句。李白和他们探讨经国济世的策略时，他们却听得一头雾水，不明所以。

李白同这些不懂时事变通的老儒生们话不投机，他们本就不是同路人。好在李白结识了韩准、裴政、孔巢父三人，与他们还算志趣相投，于是相约去徂徕山中隐居，一住就是八九个月。

直到开元二十九年（741）暮春，李白才从徂徕山返回兖州家中。看着两个孩子一天天长大，日子不知不觉过得飞快。几个月后，韩准、裴政、孔巢父三人一同出山，去拜谒兖州刺史。拜谒之后，三人又结伴前来看望李白。李白在城东设帐饮，为三人饯行，临行前，又专门为他们三人写诗留念作别：

送韩准、裴政、孔巢父还山
> 猎客张兔罝，不能挂龙虎。
> 所以青云人，高歌在岩户。
> 韩生信英彦，裴子含清真。
> 孔侯复秀出，俱与云霞亲。

峻节凌远松，同衾卧盘石。
斧冰嗽寒泉，三子同二屐。
时时或乘兴，往往云无心。
出山揖牧伯，长啸轻衣簪。
昨宵梦里还，云弄竹溪月。
今晨鲁东门，帐饮与君别。
雪崖滑去马，萝径迷归人。
相思若烟草，历乱无冬春。

送走了韩准三人，李白迎来了生命中另一段缘分。在他人的撮合下，李白迎娶了一名刘氏女子，两个年幼的孩子总算能得到照顾。

"福无双至祸不单行"，可李白这一次却连连遇上好运。或许是上天不忍李白多年坎坷，赐予一段婚姻之后，竟然又赐予他期盼已久的入仕机会。

开元二十九年（741），唐玄宗一日梦见老子托梦，让他到终南山迎接老子真容。巧合的是，玉真公主也梦到老子，让她先去亳州真源宫朝拜，之后再去玉屋山接受道符。兄妹二人同时梦见老子，唐玄宗不敢慢待，命人广招天下道士，陪玉真公主一同去终南山。

此时的终南山玉真别馆，一改往日的萧条，一派热闹景象。李白的好友元丹丘也在此次应召之列，他意识到这是李白难得的机会，于是，特意绕道前往兖州将这一喜讯告诉李白。李白大喜过望，再三叮嘱元丹丘一定要寻找机会举荐自己，并且还专门写下一篇《玉真仙人词》，托元丹丘带给玉真公主：

> 玉真之仙人，时往太华峰。
> 清晨鸣天鼓，飙欻腾双龙。
> 弄电不辍手，行云本无踪。
> 几时入少室，王母应相逢。

整首诗句句都在称颂玉真公主，甚至将她比作仙人，就连王母娘娘都要对她热情相待。再加上李白华丽的辞藻，令玉真公主欢喜不已，一下子就对李白有了深刻的印象，于是在唐玄宗面前，玉真公主真的将李白好好地称赞了一番。

送走元丹丘之后，李白带着一家人去了曲阜南面的陵城村，将刘氏和一双儿女安顿下来之后，就独自去泰山游览。两个月后，当李白回到陵城村时，得知唐玄宗召他进京的诏书已经来了三次，面对这突如其来的喜讯，李白在两个孩子面前高兴得不能自已。他必须要写些什么，让他的孩子们知道，他们的父亲不是庸碌无能之辈：

南陵别儿童入京

> 白酒新熟山中归，黄鸡啄黍秋正肥。
> 呼童烹鸡酌白酒，儿女嬉笑牵人衣。
> 高歌取醉欲自慰，起舞落日争光辉。
> 游说万乘苦不早，著鞭跨马涉远道。
> 会稽愚妇轻买臣，余亦辞家西入秦。
> 仰天大笑出门去，我辈岂是蓬蒿人。

多年怀才不遇，一朝扬眉，可以想象李白当时的心情是何等畅快。他仰天大笑走出家门，以为奔赴的是一段锦绣前程，然而，等待他的，却是另一场伤心。

金龟换酒酬知己

雾里看花,总是分外美好。当一个人在沙漠中行走了太久,即便是看到海市蜃楼的一汪碧水,也会坚信是真,如扑火的飞蛾般义无反顾地奔向那生命之源的幻象。此刻奔赴长安圆梦的李白就像那沙漠中的行人。此刻他眼中看到的只剩美好,从未怀疑过那美好背后会是怎样一场空欢喜。

从陵城村到长安八百多里的路程,李白快马加鞭,只用了十余天就赶到了。按照惯例,被皇帝召见的人要先在招贤馆住下,等待唐玄宗的召见。

等待的日子百无聊赖,对于长安城,李白已经再熟悉不过。之前两次来长安,他一直想去紫极宫游览一番,据说紫极宫里有老子画像,善男信女众多,宫内香火鼎盛,唐玄宗甚至为紫极宫御笔亲题"琼华"二字,做成匾额悬挂在宫门上方。这一次,他终于得闲来到紫极宫。

李白见到老子栩栩如生的画像,不禁脱口而出:"真是妙笔丹青。"旁边一人接言:"的确是万里挑一的丹青圣手。"

李白循声回头看过去，发现说话的是一位满头银发的老者，正笑容可掬地看着自己。这位老者虽然有了一些年岁，却满面红光，一副慈眉善目，李白立即恭敬施礼，向老者问好。

老者的语气满是和善，他从李白的口音中听出他是蜀地人，便问他如何称呼。当得知他就是李白时，老者一副恍然大悟的样子，邀李白共聊。

原来，这位老者就是贺知章，李白早就拜读过他的诗篇，仰慕已久。贺知章也听过李白的才名，问他是否有诗作带在身上。李白刚好随身携带着《蜀道难》《乌栖曲》等诗篇，贺知章读过之后赞不绝口，直夸"真乃谪仙人也"。

已经八十五岁高龄的贺知章，一副仙风道骨的模样，李白一见就倍感亲切。如今得到他的如此盛赞，更是喜不自胜。贺知章捧着李白的诗作越读越兴奋，到最后索性拉着李白的手说道："老夫已经许久没有读到如此好的诗了，真是大快人心，不知是否有雅兴同老夫去酒楼喝上几杯？"

李白自然十分愿意。他随贺知章来到一家酒楼，这里显然是贺知章熟悉的地方，他要了几道招牌菜和几壶好酒，兴致勃勃地同李白交杯换盏起来。两人虽相差四十几岁，却丝毫没有距离感。贺知章见李白喝起酒来的架势和自己一模一样，更是将李白当成了忘年交。

曾经，长安城给予李白的只有失望。如今再来长安，竟然连连收获惊喜，除了即将得到皇帝的召见，还与担任太子宾客、秘书监大人的贺知章成为知己，李白真的以为自己的好运到来了。

一番痛饮，二人都喝得大醉。贺知章起身结账却发现身上没带银子。李白争抢着上前结账，贺知章却坚决不许，一面拦着李白掏银子，一面又麻利地解下随身佩戴的金龟，塞进店家手里。

那金龟是三品以上官员才有资格佩戴的，是高品级官员身份的象征。可在贺知章看来，这些都是身外之物，用金龟换来一名知己实在是值得。酒楼老板也非常识相，再三承诺金龟只是暂时抵押，等贺知章派人送钱再来换回就好。

分别之前，贺知章反复向李白承诺，一定会在皇帝面前替他美言几句，让他好好在招贤馆里等待皇帝召见。

贺知章的一番话，更加给李白吃了定心丸。他安心地等待，果然不出几日，便有皇宫内侍向李白传诏进宫。

为了唐玄宗的召见，李白特意置办了一身新衣帽，跟随内侍走向了大明宫。回想十二年前，李白只有站在宫墙外看着别人出入的份儿，如今，他竟也能光明正大地走进宫门。

这是一条何等漫长、又何等艰辛的路，唯有李白自己能体会。踏在皇宫的青砖路面上，李白依然觉得自己如坠梦中。金碧辉煌的宫殿就矗立在面前，在阳光下闪耀着金光，提醒着李白，这一切都不是梦。李白只觉得自己走了好久好久，终于来到了含元殿。

心潮澎湃的李白，终于走进了这座令他朝思暮想的皇官。这里是盛唐最威严的所在，所经之处都有手持兵器的御林军，无声中宣示着皇权不可侵犯。

到了金銮殿外，内侍变得更加严肃。他沉声提醒李白，一定要规规矩矩地站在原地，不可轻易走动，之后才小心翼翼地登上台阶，进入殿内通报。

过了一会，内侍出来召唤李白，让他跟在自己后面进殿。李白不敢乱动，规规矩矩地跟着内侍走上台阶，只敢偷偷用余光观察周围的环境。文武百官分立在大殿两侧，前方正中间的龙椅上正襟危坐的便是唐玄宗。按照规矩，任何人都不可以直视皇帝的龙颜，李白虽然抬着头，双眼却只能紧紧盯着脚下的青砖。

虽然李白并未抬头，但其周身上下散发出的脱俗气质，也让在场众人惊叹。他如同天上的神仙，飘然降落凡尘。他的眼神是那样清澈，不沾染世俗尘埃。唐玄宗不由得联想起老子托给自己的梦，认为他便是老子派到他身边的使者。

唐玄宗早就从玉真公主那里读到过李白的诗作，对李白的才华十分欣赏。当着文武百官的面，唐玄宗将李白封为待诏翰林，准许他进入翰林院。

翰林院距离唐玄宗的金銮殿很近，是皇宫中一处清幽的院落。李白的到来打破了这里的宁静。得知李白受到了皇帝的隆重召见，翰林院的官员们纷纷主动前来道贺，这其中便包括曾经故意让李白跑冤枉路的张垍。

在朝中为官，喜怒不行于色是最基本的能力。对于过去的一切，张垍好像从不知情，一见到李白便热络地称他为故人。若是在从前，李白可能当场不给张垍好脸色。如今，年近四十的他已成熟许多，更何况进入翰林院不易，张垍又是负责掌管翰林院的人，深得唐玄宗宠爱，因此，李白还是寒暄了几句。

于是，李白对张垍也表现出热情又恭敬的态度。作为掌管翰林院的人，张垍又向李白详细描述了一番翰林院的主要职能。其实翰林院的工作并不复杂，只要等待听候皇帝差遣就好。平日里即便没事也不能轻易离开翰林院半步。

看到唐玄宗对李白如此欣赏，宰相李林甫也不得不做一做表面功夫。一日，李林甫派家丁送给李白一份贺礼。想到王昌龄便是受李林甫所害贬官岭南，李白心中便有些不快。他告诉李林甫的家丁，自己官位低微，不敢收宰相大人的礼物，就这样把家丁打发了回去。

在李林甫看来，李白实在不识抬举。李林甫本就小肚鸡肠，如此一来，更是和李白暗暗结下了梁子。

单纯的李白以为只要入朝为官，便会仕途坦荡。然而，待诏翰林只不过是一个没有实权的官职。虽然只有饱学之士才能成为待诏翰林，但平日里做得最多的工作，不过是起草一些诏令，在皇帝的允准下议论一些时事而已。说得通俗些就是有资格进入皇宫、出现在皇帝面前的普通人。

即便如此，李白已经相当满足，只有他自己知道，为了这一个并不算高级的官阶，他付出了怎样的努力。他也坚信，凭借自己的才华和能力一定不会像翰林院里的其他人一样,碌碌无为地享受朝廷俸禄。

李白的一颗心全部放在朝政大事上,而忽略了与其他官员之间的相处。他依然我行我素,别人却接受不了他目中无人的架势。

刚进入翰林院时,唐玄宗的确对李白器重。无论出席任何场合,唐玄宗的身边总会有一个属于李白的位置,有时还会让李白当场即兴作诗。李白以为,自己即将受到唐玄宗的重用,然而,唐玄宗只是欣赏他的文采,更多地是将他当作炫耀的工具,或是让李白为自己歌功颂德而已。

即便是去骊山温泉沐浴,唐玄宗也把李白带在身边。白天,李白陪着唐玄宗狩猎,晚上,又和随行的王公大臣一同陪唐玄宗宴饮。每当此时,便是唐玄宗最需要李白的文采的时候。酒过三巡,唐玄宗命李白即兴赋诗一首,好好歌颂一下眼前的歌舞升平:

侍从游宿温泉宫作

羽林十二将,罗列应星文。

霜仗悬秋月,霓旌卷夜云。

严更千户肃,清乐九天闻。

日出瞻佳气,葱葱绕圣君。

寥寥数语,便将当天夜宴的欢乐场面尽数描述。皇帝身边的羽林军十二大将,被李白比作天上的星宿,羽林军的仪仗在李白笔下如同日月照秋霜,飘飘的彩旗如同风卷夜云。到了晚上,羽林军戒备森严,住在骊山温泉附近的百姓不敢发出任何声响,只有行宫中的奏乐声回荡九天。

众人一直欢歌宴饮到日出，李白称颂皇帝的身边围绕着祥瑞的佳气。

任何一位皇帝得到这样的称颂都会喜不自胜，唐玄宗对李白的才华赞不绝口，当场便赐给他一件御衣。

皇帝的认可，给了李白更大的假象，他以为自己终于获得了"辅弼"重权，终于等到了施展自己"欲济苍生"的大好时机。他甚至认为，自己已经有了向皇帝举荐贤臣的资格。

在骊山温泉，李白结识了在山中隐居的杨山人。他是一个元丹丘一般的人物，不愿沾染红尘，在山中过着神仙般的隐逸生活。李白最喜欢和这种毫无世俗之气的人交往，每当遇到隐居之人，李白心中的隐居理想就会蠢蠢欲动。不过，对于李白来说，此刻最重要的使命是辅佐皇帝，他只得对杨山人承诺，一旦完成辅国大业，一定会到山中与他一同隐居。

从骊山回皇宫的路上，李白偶遇旧友。他开心地向朋友讲述着自己陪伴唐玄宗狩猎的经历，告诉他自己在皇帝身边写出了许多精彩的文章，就连唐玄宗赏赐的那件御衣也被他拿出来展示了一番。李白还向朋友保证，只要有机会，就会向皇帝举荐他，让朋友也像他一样青云直上。

或许，在唐玄宗身边的日子里，李白取得的最大成就，便是写给番国使臣的那篇《和番书》。

一日，番国使臣带着国书来长安朝见唐玄宗。按照两国邦交的惯例，国书是要当着满朝文武官员的面宣读出来的。然而番国国王心存不敬，送来的国书竟然是用番文写成的，满朝官员竟然没有人认得。

唐玄宗虽然怒火中烧，却又不好发作。如果承认满朝官员没有一人识得番文，一定会被番国使臣取笑。就在这时，贺知章忽然想到李白幼年时曾在西域居住，说不定认识番文。李白果然不负众望，他当众宣读了番文国书，里面的内容竟然是要求大唐割让一百七十座城池，否则就要派兵攻打。

番国如此嚣张的气焰，唐玄宗一时半刻也不知如何应对。李白却一副胸有成竹的样子，将解决此事的职责承担了下来。

召见使臣过后，唐玄宗按照惯例要设宴款待番国使臣。李白从不错过痛饮美酒的机会，在席上忘乎所以地喝得酩酊大醉，直到第二日清晨还未醒酒。

眼看到了给番国使臣答复的时间，李白却连站都站不稳。看到李白这副丑态，唐玄宗有些生气。但番国使臣就在一旁等待，唐玄宗只得恩准李白坐下来起草给番国的诏书。李白醉眼蒙眬之间，竟然很快就写好了一篇《和番书》，义正词严地拒绝了番国的无理要求。

对于番国，李白是有些了解的，懂得他们的弱点在哪里。因此，他在《和番书》中声明，大唐国力强盛，若是真的刀兵相见，谁胜谁负还不一定。

写罢之后，李白当着番国使臣的面将《和番书》大声宣读出来，眼看番国使臣渐渐变了脸色，从最初的嚣张转变为恐惧，最后竟然直接向唐玄宗叩头请辞。

　　唐玄宗当着文武官员的面重重赏赐了李白，那是李白人生中最辉煌的时刻。从那一刻开始，他的命运将从巅峰一点点滑落，直至跌落谷底。

待诏翰林,取乐的工具

豪情太盛反而会成为身上背负的枷锁。想要背负豪情一飞冲天,却被那沉重的锁链一次次拖回尘埃。

李白一直期盼着唐玄宗能将他的官职再升一升,可唐玄宗却对此事只字不提。李白只觉得自己的一腔抱负找不到施展的出口,但一想到自己毕竟已经成为待诏翰林,至少有许多面见皇帝的机会,多少还算一丝安慰。

成为待诏翰林的那一天,唐玄宗赏赐给李白一匹马。李白以为这是源于唐玄宗对自己的重视,还专门写下诗句"朝天数换飞龙马,敕赐珊瑚白玉鞭"来炫耀皇帝的恩典。却不知每一位待诏翰林都会获得这样的赏赐,朝中其他官员将李白的天真看在眼里,背地里纷纷嘲笑。

官员之间的钩心斗角,李白实在懂得太少。每一次对他微笑,全被他当成真心。他并不知道,人是会戴上面具的,尤其是官场中每个人的面具都不止一个。

在唐玄宗心目中,李白只是取乐的工具。每当宫中宴饮,李白便要在唐玄宗的授意下写诗歌颂这太平盛世的假象。这一次,唐玄宗甚至直接下令,让李白创作十首描写宫中行乐场景的诗,以流芳百世。

一场夜宴,一派歌舞升平。乐师演奏起新作的曲调,宫女跳着新排的舞蹈,唐玄宗与杨贵妃高坐在上,饮酒赏舞,十分自得。李白便是在这样的时刻被召进宫的,这是李白第一次见到杨贵妃的真容。唐玄宗让杨贵妃献舞一曲,杨贵妃并不推辞,落落大方走到地中央,随着音乐翩然起舞。

杨贵妃的舞姿,时而如芙蓉随风轻摆,时而如柳枝轻折腰肢。倾国倾城之貌,加上动人的舞姿,难怪唐玄宗对杨贵妃如此迷恋。

一曲舞罢,杨贵妃本就白净细嫩的脸庞泛起两抹红晕,如同初春绽放的桃花,妩媚异常。杨贵妃的容貌与舞姿,让李白顷刻间便完成了十首《宫中行乐词》的创作。内侍把诗作呈到唐玄宗和杨贵妃面前,杨贵妃指着其中的一首赞不绝口,唐玄宗仔细看来,见诗中写道:

柳色黄金嫩,梨花白雪香。

玉楼巢翡翠,金殿锁鸳鸯。

选妓随雕辇,征歌出洞房。

宫中谁第一,飞燕在昭阳。

杨贵妃觉得李白是在称赞自己的舞技,十分得意。却不知李白在每一首诗中都暗暗埋下了对宫中寻欢作乐风气的讽刺。众人皆知杨贵妃体态丰腴,汉代的赵飞燕却身量纤瘦,传说能在手掌上起舞。李白表面上是在称赞杨贵妃舞技超凡,实际上是在嘲笑她体态丰腴。

好在唐玄宗和杨贵妃都没有看出其中的深意,依然时不时召李白进宫,写诗助兴。

阳春三月,草长莺飞,东风吹绿了瀛洲的草,皇宫中的金殿也被春色装点出一丝柔美。又到了适合春游的季节,唐玄宗打算游览宜春苑,又带着李白一同随侍。

柳色初青,远远望去如同一团绿色的烟雾。细细的柳条在春风中摇摆出婀娜的姿态,轻拂着皇宫的城墙。南归的候鸟自在地站在皇宫精雕细琢的屋檐上,歌唱着春的喜悦。好听的鸟鸣伴随着春风阵阵传入耳中,仿佛在向世人宣告春的到来。

此时,天上突然出现五色的云彩,随行众人纷纷说那是祥云,代表着祥瑞。唐玄宗更加喜悦,立刻让李白作诗,将这祥瑞记录下来。

李白已经意识到自己在唐玄宗身边不过是一个用来歌功颂德的玩物,他虽万般不情愿,却不能违逆皇帝的命令。他只得吩咐人取来纸笔,迅速在纸上写起来:

侍从宜春苑奉诏赋龙池柳色初青听新莺百啭歌

东风已绿瀛洲草,紫殿红楼觉春好。
池南柳色半青青,萦烟袅娜拂绮城。
垂丝百尺挂雕楹,上有好鸟相和鸣,间关早得春风情。
春风卷入碧云去,千门万户皆春声。
是时君王在镐京,五云垂晖耀紫清。

> 仗出金宫随日转，天回玉辇绕花行。
> 始向蓬莱看舞鹤，还过苙若听新莺。
> 新莺飞绕上林苑，愿入箫韶杂凤笙。

对于这种诗句的创作，李白根本不必花心思过多揣摩，只需用华丽的辞藻堆砌就能让唐玄宗龙颜大悦。满腔才华却用在这些毫无意义的小事上，李白心里有些窝囊。他开始变得沉默寡言，每日借酒浇愁，常常带着一身酒气来翰林院。

一日唐玄宗游览莲池，又召李白前来作诗。李白此时刚刚喝过闷酒，酩酊大醉。接到皇帝召见的旨意，他几乎连路都走不稳，还是皇帝身边的内侍高力士扶着他登上船。

在船上，酣醉间，李白才写下《春日行》：

> 深宫高楼入紫清，金作蛟龙盘绣楹。
> 佳人当窗弄白日，弦将手语弹鸣筝。
> 春风吹落君王耳，此曲乃是升天行。
> 因出天池泛蓬瀛，楼船簸沓波浪惊。
> 三千双蛾献歌笑，挝钟考鼓宫殿倾。
> 万姓聚舞歌太平，我无为，人自宁。
> 三十六帝欲相迎，仙人飘翩下云軿。
> 帝不去，留镐京。
> 安能为轩辕，独往入窅冥。
> 小臣拜献南山寿，陛下万古垂鸿名。

只要极尽吹捧之能事，唐玄宗便会高兴。那些经世济国的雄韬伟略，又要它何用？李白心中的失落一日比一日沉重，他的酒也喝得越来越多，有好几次都是醉酒应召，唐玄宗并不真的生气，他要的并不是一个国之重臣，而是一个能写诗哄他开心的人而已。

暮春时节，宫中的牡丹花开了。唐玄宗总是用牡丹花来比喻杨贵妃，因为牡丹花见证着他与杨贵妃之间的爱情。据说，杨贵妃刚进宫时，因为想念家乡心生苦闷，便来到御花园散心。刚巧看到满园牡丹花开得正艳，想到自己离开父母亲人，在宫中孤独一人，感叹自己年华正好，却只能孤芳自赏，不禁潸然泪下。当杨贵妃的眼泪落到花瓣上，牡丹似乎也感受到了她的伤心，默默低下了头。这一奇闻被宫女们争相传颂，最后传到唐玄宗耳中。他好奇能让牡丹花低头的女子该是何等奇特，于是，专门召见杨贵妃，一见之后，立刻被她的美貌所惊艳，从此便对杨贵妃念念不忘。

从此，每当牡丹花开，唐玄宗便会陪着杨贵妃到园中赏花。从前赏花，唐玄宗只是将乐师李龟年召到宫中献唱，如今有了李白，怎能不让他填上几首新词？

那一日刚好李白休假，不在翰林院。唐玄宗派人四处寻找，终于在一处酒楼找到了喝得烂醉的李白。众人费了好大的力气才将李白扶上马背，他醉得竟然坐不稳，只能伏在马背上被驮进宫。

直到来到唐玄宗面前，李白还是酒醉不醒。唐玄宗命人用冷水泼醒李白。或许是被冷水一激，刚刚喝下去的酒在李白胃里翻江倒海，一个没忍住，他竟吐了自己一身。

李白的狼狈让唐玄宗不忍直视,遂吩咐高力士拿来干净的衣服鞋袜为李白换上。高力士捧着衣服等待李白更衣,没想到李白却冲他伸出一只脚,带着酒气对他说:"烦请高公公为我脱靴。"

高力士向来瞧不起李白,可是碍于皇帝在场,只得乖乖照做。他脸上神色未变,心中的怒火却早将李白烧成灰烬。

李白也早看不惯高力士在皇帝和杨贵妃面前的谄媚相,这次借着酒劲羞辱他一番,总算出了一口气。换过衣服之后,李白还是迟迟不肯动笔,他又将目光对准杨贵妃的兄长杨国忠,这是一个毫无才能、只凭借妹妹受宠便爬上宰相之位的无能之辈,李白一不做二不休,既然已经羞辱了高力士,索性借机也羞辱一番杨国忠吧。

他带着醉意开口:"听说国舅大人最擅长研墨,不知可否烦请国舅大人替我研墨,我好为皇上作诗?"

李白已经把皇帝抬了出来,杨国忠纵然再愤怒也不敢拒绝。眼看唐玄宗一副默许的样子,杨国忠只好捧起砚台认真研墨。

心满意足的李白这才提笔准备写诗,这样的诗,他已经写了太多,什么样的辞藻能讨唐玄宗和杨贵妃欢心,他再了解不过。只要极力夸赞杨贵妃的美,唐玄宗就一定会高兴,想到此处,李白提笔便写:

云想衣裳花想容,春风拂槛露华浓。

若非群玉山头见,会向瑶台月下逢。

先夸杨贵妃的美,如同仙女下凡,杨贵妃听罢,便已经笑得合不拢嘴。李白再写:

一枝红艳露凝香,云雨巫山枉断肠。

借问汉宫谁得似,可怜飞燕倚新妆。

又拿赵飞燕与杨贵妃比较,只是这一次,李白是在称赞杨贵妃得到的宠幸,远非赵飞燕所能及,杨贵妃更加高兴。李白接着又写:

名花倾国两相欢,常得君王带笑看。

解释春风无限恨,沉香亭北倚阑干。

这是在称赞唐玄宗和杨贵妃的恩爱,三首《清平调》写罢,唐玄宗和杨贵妃都心满意足,立刻命李龟年谱曲,按照李白的新词吟唱。

唐玄宗和杨贵妃有多开心,高力士和杨国忠对李白就有多恨。他们有的是耐心,只等一个合适的时机,将李白生吞活剥。

这三首《清平调》更让李白在唐玄宗面前红得发紫。朝中官员纷纷前来巴结,只要有好酒,他从不拒绝,至于所谓的友情,心里明白就好。

在朝中真心对待李白的人不多,贺知章是一个。闲来无事时,李白经常去贺知章家里做客,除了能痛饮美酒之外,李白最喜欢的便是贺知章家中的几幅画。

其中一幅是李思训的真迹《蓬瀛图》,画中有三座仙山,笼罩在云雾之中,隐约可见峰峦叠嶂,山中古木参天。山下是波涛汹涌的大海,惊涛拍击着山脚下的巨石,站在画外,仿佛能听到画中海浪惊天动地的声响。

另外一幅是吴道子的《东篱图》,这幅画的画面有些简单,只有一位白发苍苍的老者手拄着拐杖,站在篱笆旁边。那老者侧着身子,头也微微歪着,出神地望着远方。李白顺着老者目光的方向看去,发现只有淡淡的山影,看着像极了他曾经去过的终南山。

这幅画被贺知章视如珍宝,平时都会层层包裹好,收进匣子里,再放在画柜深处。

"采菊东篱下,悠然见南山。"心无旁骛,归隐田园,或许这才是贺知章和李白向往的生活。

本是疏散人,屡贻褊促诮

理想的落空,会让人头脑渐渐清醒。大唐的官场像是一潭深不见底的浑水,时不时掀起一股巨浪,不是将干净的人卷入泥潭,就是将苦苦挣扎的人彻底吞没。

李白将自己横冲直撞的劲头用在官场上,每一次失意虽然都会对他造成或大或小的打击,但却并未让他萌生退意。

只不过对于朝廷的种种黑暗现状,李白已经心生不满,贺知章同他一样,对朝廷也满腹牢骚。

如今的朝政大权,几乎都被李林甫和高力士一伙人把持着,宦官当权,本就是隐患,从古至今,宦官乱政的例子比比皆是。背地里就连王公贵族们都称呼高力士为"阿爹",唐玄宗也称他为"高将军"。如果没有高力士服侍,唐玄宗甚至连觉都睡不安稳。各地送来的奏折也要先由高力士过目一遍,之后才能送到唐玄宗手里。这是唐玄宗默许的,一些无关痛痒的事情,只要由高力士作主就好,唐玄宗乐得将这些琐碎时间都腾出来,与杨贵妃一起享乐。

皇帝的信任让高力士的野心更加膨胀，他甚至公开卖官鬻爵。有人想做官，就要给高力士一伙人送礼。钱送得越多，官职就越高。就连李林甫当年都是走了高力士的后门才做了官，之后平步青云成为宰相的。

李林甫本来是没有真才实学的人，最大的本事就是能哄唐玄宗开心。唐玄宗追求长生之道，他便请道士炼丹；唐玄宗喜欢四处游玩，他就想方设法安排唐玄宗玩得舒服。唐玄宗放心地把朝政交给李林甫和高力士处理，他们永远只把好消息汇报上去，把坏消息按下不提，给了唐玄宗一个太平盛世的假象。

对他们阿谀奉承之人，都能得到善待；与他们政见不合的人，都会受到迫害，轻则贬官，重则丢掉性命。数不清的官员都受到过李林甫和高力士的迫害，这两个人就像朝廷里的蛀虫，已经将李唐王朝蛀成了一个空架子。

说起这些事情，贺知章比李白还要激动。他不仅对李林甫和高力士二人不满，对唐玄宗也有太多意见。最让贺知章不满的是唐玄宗竟然纳自己的儿媳妇为贵妃。自从杨贵妃受宠，唐玄宗便夜夜笙歌，纵情声色，还爱屋及乌，杨贵妃的家人亲戚都沾了光。

杨贵妃喜欢吃荔枝，唐玄宗就派人从千里之外运送过来，劳民伤财，累死马匹无数，甚至还踩死过人。可是只要杨贵妃高兴，唐玄宗根本不在意其他事，民间为此怨声载道，已经八十多岁的贺知章感觉到深深的无力，已经打算告老还乡。

贺知章希望李白在朝中能提防小人，保护好自己。李白感激贺知章的提醒，可是以他直爽的性格，真的不知道小人的暗箭会从哪里射出。

意气风发的李白，在唐玄宗身边总有数不清的赏赐、喝不完的美酒。大部分时间，李白都奉唐玄宗的旨意，陪着玩乐赋诗；下朝之后，王公大臣纷纷与他称兄道弟，邀请他四处赴宴。

这种众星捧月般的生活，的确让李白有些飘飘然。这样的日子久了，李白也会感到厌倦。他希望自己能为朝政、为国家做出贡献，而不是整日待在皇宫里享受各种优待。

有人宴请李白，李白从不推辞，可这并不代表他将所有人都当成朋友。官场上那一个个阿谀奉承的谄媚嘴脸，是李白所厌恶的，他更厌恶的是自己要日日应酬这些嘴脸，于是只要有机会，他便独自到山中去躲清静。

时常在京城郊外山中游走，李白结识了在山中隐居的苏秀才。他和李白一样，也曾经执着于功名，可是自从考上秀才之后便屡试不中。在反复科考的日子里，苏秀才渐渐看透了世态炎凉，终于放弃了做官的念头，归隐山中，过起了神仙般的自由生活。

李白与苏秀才一见如故，苏秀才问李白在哪里高就，李白骄傲地说，自己正待诏金门，在皇帝身边享受俸禄。

对于李白来说，待诏金门是自己最引以为傲的地方。他并不是在向苏秀才炫耀，而是发自内心地希望苏秀才感受到自己的喜悦之情。

苏秀才欣赏李白的直爽，但这直爽恰恰是从官的大忌。于是便邀请李白与自己一同进山隐居。苏秀才的隐居之地，简直如同世外桃源，李白虽心动却又不愿舍弃好不容易得来的入仕机会。回到翰林院，李白思索了很久，终于还是郑重其事地写下一封回信，婉拒了苏秀才的好意：

金门答苏秀才

君还石门日，朱火始改木。春草如有情，山中尚含绿。
折芳愧遥忆，永路当自勖。远见故人心，平生以此足。
巨海纳百川，麟阁多才贤。献书入金阙，酌醴奉琼筵。
屡忝白云唱，恭闻黄竹篇。恩光照拙薄，云汉希腾迁。
铭鼎倘云遂，扁舟方渺然。我留在金门，君去卧丹壑。
未果三山期，遥欣一丘乐。玄珠寄象罔，赤水非寥廓。
愿狎东海鸥，共营西山药。栖岩君寂灭，处世余龙蠖。
良辰不同赏，永日应闲居。鸟鸣檐间树，花落窗下书。
缘溪见绿筱，隔岫窥红蕖。采薇行笑歌，眷我情何已。
月出石镜间，松鸣风琴里。得心自虚妙，外物空颓靡。
身世如两忘，从君老烟水。

李白自信有匡扶君王的能力，对那些靠阿谀奉承、裙带关系做上高官的人最是鄙夷。一日，李白在皇宫里远远望见杨国忠，不愿和他打交道，正打算避开，杨国忠却主动叫住李白。对于李白当日让杨国忠研墨一事，杨国忠一直耿耿于怀。这次偶遇，杨国忠便想找机会报复李白。

杨国忠开口便是一番奉承，后来称自己得了一副上联，希望李白能帮忙对出下联。

在诗歌方面，李白坚信自己从不逊色于他人，便一口应允下来。不过他并非真心想帮杨国忠的忙，而是想趁机羞辱杨国忠一番。李白提议赌十两黄金，如果自己在三步之内没有对上，就算输，否则就算赢。杨国忠也不拒绝，直接说出上联："两猿截木山中，问猴儿如何对锯？"

李白一听便知道杨国忠的用意，原来他是在骂李白是个猴儿。杨国忠难掩得意之色，说完上联便开始迈动脚步。就在第三步即将落下的时候，李白已经说出下联："一马陷身泥中，看畜生如何出蹄？"

"出蹄"是"出题"的谐音，李白分明是在骂杨国忠是个畜生，杨国忠怎能听不出来？只见他脸气得青一阵白一阵，可赌约在先，又不能发作，只能乖乖交出十两黄金。看着李白得意离开的背影，杨国忠恨得几乎咬碎牙齿。他要去找高力士，商量对策，让李白狠狠地摔个跟头。

在算计人这件事上，高力士显然比杨国忠更有手段。一日，杨贵妃正吟唱着李白为她填词的《清平调》，在一旁伺候的高力士却突然跪下，满脸委屈地对杨贵妃说："李白在诗中如此侮辱贵妃娘娘，娘娘还如此宽宏大量，吟唱他的诗。"

一番话说得杨贵妃一头雾水，遂问高力士李白是如何羞辱自己的。高力士指着其中一句"借问汉宫谁得似，可怜飞燕倚新妆"说道："赵飞燕是歌女出身，虽然后来成为皇后，却又因为作风不良被贬为庶人。李白分明是在诅咒娘娘，日后也会落得赵飞燕一般的下场。"

高力士的挑拨立刻见了效,杨贵妃怒不可遏,拿着李白的《清平调》,哭着求见唐玄宗。看到杨贵妃梨花带雨的样子,唐玄宗心疼不已,忙追问缘由。杨贵妃边哭边拿出李白的诗,向唐玄宗告状:"李白在诗中拐着弯骂臣妾,侮辱臣妾是娼家出身的赵飞燕,还取笑臣妾胖,皇上一定把他赶走,臣妾再也不想看见他。"

唐玄宗好不容易才把杨贵妃安抚下来,静心一想如果无缘无故把李白赶走,别人一定会说皇上胸襟狭窄。他向杨贵妃保证,以后不再召见李白就好了,杨贵妃这才破涕为笑。

唐玄宗果然从此不再召见李白,李白不明所以,有些失落,却也无可奈何。他只能用诗酒来打发时间,时间久了,翰林院的其他人看出端倪,开始对李白冷嘲热讽。

在张垍的煽动下,集贤殿的学士们纷纷上书攻击李白,说他整天不务正业、烂醉如泥、衣冠不整,还说他骄傲自大,目中无人,甚至还说李白把别人都当作废物,贬低他人,抬高自己……

种种污蔑之言终于传到李白耳朵里,他痛恨这些只会背后造谣的小人。众口铄金,积毁销骨。无奈之下,他只能通过写诗,澄清自己:

翰林读书言怀呈集贤诸学士

晨趋紫禁中,夕待金门诏。

观书散遗帙,探古穷至妙。

片言苟会心,掩卷忽而笑。

青蝇易相点,白雪难同调。

本是疏散人,屡贻褊促诮。

云天属清朗,林壑忆游眺。

或时清风来,闲倚栏下啸。

严光桐庐溪,谢客临海峤。

功成谢人间,从此一投钓。

他想告诉所有污蔑他的人,他本是疏懒散漫之人,不求功名利禄,只求为国效忠。当自己的使命完成,他便会功成身退,隐居山野。可是,李白的这一番辩解却遭到更加恶意的解读。那些官员们说,李白将他们比成嗡嗡乱叫的苍蝇,却说自己纯净如雪,这分明是在讽刺朝廷是个臭水沟,是在变相辱骂皇上。

这样的话听得多了,唐玄宗对李白更加失去耐性。他懒得去处置李白,只等他自己觉得无趣了主动离开。

官员们的诽谤,唐玄宗的不理解,让李白孤寂难遣。他失望、激愤、无助。他多想像东晋时期的王敦那样,敲击着玉壶,吟诵着曹操的名句:"老骥伏枥,志在千里。烈士暮年,壮心不已。"

李白是那样渴望建功立业,他崇拜曹操,因其在短暂的一生中做了一番轰轰烈烈的事业。可如今的自己夙志未展,越想越悲从中来。

几杯浊酒下肚,悲愤更加压抑不住。他拔出宝剑,对着秋月挥剑而舞,眼泪夺眶而出,随剑锋飞舞。

舞剑可以发泄心中的怒火,李白渐渐冷静下来,回想自己刚成为待诏翰林时,是何等受唐玄宗宠信,此刻却遭到冷落,如此悲凉。李白觉得现在的自己就像当年的东方朔,被君主视作滑稽弄臣,横遭污蔑,备受打击。

可即便如此,他依然不愿改变自己的本心,更不愿委屈自己的骄傲。他明白自己当前的遭遇都是因为朝廷中那些嫉贤妒能之辈的陷害。越是不随波逐流的人,越是无法在暗潮汹涌的泥淖中找到立足之地。如何发泄心中的悲苦?除了舞剑,便是写诗:

玉壶吟

烈士击玉壶,壮心惜暮年。

三杯拂剑舞秋月,忽然高咏涕泗涟。

凤凰初下紫泥诏,谒帝称觞登御筵。

揄扬九重万乘主,谑浪赤墀青琐贤。

朝天数换飞龙马,敕赐珊瑚白玉鞭。

世人不识东方朔,大隐金门是谪仙。

西施宜笑复宜颦,丑女效之徒累身。

君王虽爱蛾眉好,无奈宫中妒杀人。

在朝中,贺知章几乎是李白唯一真正的朋友。可这唯一的朋友,也即将离李白而去。天宝三载(744),贺知章请辞还乡,李白在朝中只能单枪匹马。送别贺知章的那一天,李白特地为他写了一首送别诗:

送贺监归四明应制

久辞荣禄遂初衣,曾向长生说息机。

真诀自从茅氏得,恩波宁阻洞庭归。

瑶台含雾星辰满,仙峤浮空岛屿微。

借问欲栖珠树鹤,何年却向帝城飞。

唐玄宗出席了这场送别宴,李白已经许久没有见到皇上。其实,他有很多真心话想说却说不出口,只能冠冕堂皇地恭喜贺知章终于可以如愿以偿求仙问道,又间接称赞了皇恩浩荡。宴席过后,李白又私下里送给贺知章一首诗:

送贺宾客归越

镜湖流水漾清波,狂客归舟逸兴多。

山阴道士如相见,应写黄庭换白鹅。

他分明是在暗示贺知章,对这个黑暗的朝堂,离得越远越好。

猿声啼出惆怅

我们总以为会做好足够的心理准备,去迎接生命中的每一段终结,可有些终结总是来得那样猝不及防,就像电影结尾的草草收场,仓促得令人惆怅。

贺知章的突然请辞让李白感到前所未有的孤独。他怀念与贺知章一起纵情诗酒的日子,如今只剩他一人独酌,唯一陪伴他的,便是天上的明月。

自斟自饮,倍显寂寞。他将酒桌摆在花丛中,斟满一杯酒,举杯邀请天上的明月。有明月作陪,再加上自己的影子,刚好算得上三个人吧?这样想着,李白才显得不那样孤单:

月下独酌

花间一壶酒,独酌无相亲。

举杯邀明月,对影成三人。

月既不解饮,影徒随我身,

暂伴月将影,行乐须及春。

我歌月徘徊,我舞影零乱,

> 醒时同交欢,醉后各分散。
> 永结无情游,相期邈云汉。

月亮哪懂饮酒?影子也不过徒然跟在身后,不过是找个饮酒的借口罢了。唯有酒醉才能暂时忘记内心的凄冷。面对小人的谗言、君王的冷落,李白已经失去了反抗的力量。对于朝堂,他只剩失望,这硕大的长安城,也不再值得他留恋。

那一日酒醒之后,李白做了一个决定:他要像贺知章一样,离开这污浊之地。

第二日上朝,李白便向唐玄宗说出自己想要还乡的请求。唐玄宗当场就允准了,甚至都没有做做样子挽留一下,并且还"赐金放还",给了李白一个恩典。

李白对唐玄宗更加失望,原来皇上是那样迫切地想让他离开。他从唐玄宗眼神中看出了如释重负,就仿佛终于甩掉了一个沉重的包袱。

从家乡走上朝堂,李白用了整整二十年;离开朝堂,却只用了四个字的时间。"赐金放还",是恩典,也是绝望,他就像一把秋天的扇子,再无用处。

三年前,他"仰天大笑出门去";三年后,一切都变了模样。他的行李不多,很快就收拾好行囊。唐玄宗当年召他进京的诏书,被他一直珍藏在行李里面,此刻再拿出来看,恍如隔世。

他想将这张诏书丢掉,却终究还是没有舍得。它是李白从失望到希望再到绝望的见证,见证着他在京城这三年的经历。不知它懂不懂得李白真正的渴望：做一个如同侠客般的官员，辅佐唐玄宗成为一代圣君，当功成名就，他便归隐山林，让世上流传着属于他的传说。

李白觉得自己与梦想之间曾经只有一步之遥，唐玄宗曾那样重视他，无论走到何处都将他带在身边。可李白并没有认清，"重视"与"重用"虽然只有一字之差，却天壤之别。唐玄宗对李白的赞不绝口，也仅仅是针对诗词歌赋的才华，与治国才能无关。

所以，他被"赐金放还"了，再也没有人争相巴结他这个庶人，好在失去那些所谓的"朋友"，李白并不觉得可惜。

离开京城的那一天，翰林院的同僚们还是来了许多人为李白送行。不管他们是真心，还是只为做表面功夫，至少给了李白一个热闹的退场，让他不至于离开得凄凉。

作为告别之语，李白送给曾经的同僚们一首《东武吟》：

好古笑流俗，素闻贤达风。方希佐明主，长揖辞成功。
白日在高天，回光烛微躬。恭承凤凰诏，欻起云萝中。
清切紫霄迥，优游丹禁通。君王赐颜色，声价凌烟虹。
乘舆拥翠盖，扈从金城东。宝马丽绝景，锦衣入新丰。
依岩望松雪，对酒鸣丝桐。因学扬子云，献赋甘泉宫。
天书美片善，清芬播无穷。归来入咸阳，谈笑皆王公。
一朝去金马，飘落成飞蓬。宾客日疏散，玉樽亦已空。
才力犹可倚，不惭世上雄。闲作东武吟，曲尽情未终。

书此谢知己，吾寻黄绮翁。

　　他想告诉这些昔日的同僚，自己向来看不惯那些流俗的世俗之风，一向只仰慕贤达之风。他真正的夙愿是辅佐明主，即便唐玄宗不赏识自己，但自己还是将他比作天上的太阳。是因为唐玄宗的一纸诏书，才让他以布衣之身奔赴长安，在皇宫里担任清贵切要之职，在紫禁城内外自由进出。

　　李白感谢唐玄宗曾经的另眼相待，让他因此声名鹊起。这段日子也留给他许多美好的回忆，既有骊山温泉宫侍驾，也有游山景望松雪而寄傲，更有皇宫宴席上对酒当歌，并无数次向唐玄宗献上诗词歌赋，也获得唐玄宗无数次的赞美。

　　可是，他也向这些昔日同僚们感叹，如今赐金放还的他，就如同一棵随风飘落的蓬草，门前冷落车马稀。可是论及才情，李白觉得自己丝毫不比那些当时雄才们差，或许差的只是一些运气而已。最后，他豪情再起，辞别昔日同僚，告诉他们自己即将啸傲山林去了。

　　离开长安，顺着黄河而下，一路上或许是因为心情悲切，李白心中反复吟诵着诸葛亮的《梁甫吟》："步出齐城门，遥望荡阴里。里中有三墓，累累正相似。问是谁家墓，田疆古冶氏。力能排南山，文能绝地纪。一朝被谗言，二桃杀三士。谁能为此谋，国相齐晏子。"

　　自从诸葛亮当年写下这首诗，多少志士都曾吟诵过。他们都和李白一样，心中期盼着能一展宏图。

想当年，住在棘津的姜太公，年届七十还在以屠牛为生。为了做一番大事业，他离开故乡，来到长安城边的渭水河畔，用直钩钓了十年鱼，这才等来了周文王。在周文王面前，姜太公气如东海，有着一套又一套的治国方略，周文王敬服不已，甚至拜姜太公为师。

李白觉得自己和姜太公一样，都是以布衣身份进入朝堂的，只不过他的运气不如姜太公。但李白似乎并不灰心，别看他现在又成为一个普通人，若有朝一日机会来临，他会变成猛虎，让人不敢小觑。

更何况李白始终把匡扶天下当成自己的责任。他想向唐玄宗表达自己的碧血丹心，可是唐玄宗呢？只顾着和妃子们享乐，皇宫里的人每天都生活得那样开心，全然不知宫墙之外已经危机四起。安禄山已经做好了反叛的准备，唐玄宗却依然被蒙在鼓里。因为围绕在他身边的都是奸佞小人，李白有许多次想进谏，都被高力士等人拦了下来，怕他打扰唐玄宗玩乐的雅兴。

这样的皇帝，与昏君何异？他只懂得欣赏虚伪的笑脸，却不懂得判断忠臣忧国忧民的心肠。

在治国方面，李白也想过一些谋略，甚至曾前去打探安禄山的虚实。他发现，安禄山只不过有匹夫之勇，他的手下并没有智谋之士，只要朝廷从他们内部入手，制造矛盾，便可瓦解他们，安禄山就成不了大事。但他已经没有机会把这些话上奏唐玄宗。

离开京城，李白乘船顺流而下。船上挂起风帆，行驶在黄河上,当波涛汹涌起来,如同山脉起伏般壮阔。从长安到嵩山航程漫长,黄河水域辽阔,这注定是一趟艰苦的行程。李白在黄河上行驶了许久,才到达商州。李白忽然想起,商州太守是自己的旧友,既然路过这里,自己又无事可做,不如去探访老友。

商州太守姓裴,和李白一样,也是一位贤士。在李白看来,裴太守比自己还更像谪仙,任何俗人俗世,他都不屑一顾。在裴太守的治理下,商州百姓安居乐业,呈现出一派悠闲的氛围。李白喜欢这个地方,在此处逗留许久。白天,他们四处游山玩水,晚上又秉烛夜谈,仿佛有说不完的话。

李白听说在商州东城边的西岩,有一眼望不到头的岩壁,岩壁的顶端仿佛连着天庭的大门,尤其那里的瀑布更是堪称一处奇景。李白兴致盎然,拽着裴太守陪自己一同游览。

那瀑布的确堪称一绝,别处的瀑布都是白色的,而此处瀑布却是红色,仿佛王母娘娘的蟠桃宴打翻了葡萄酒,从天上倾泻到人间。

山中美景,往往是白日里曼妙,到了晚上,朦胧的月色照不进密密层层的树叶,难免增添几许凄凉。当太阳下山,李白和裴太守走在下山的途中,不知从何处传来几声清脆的猿啼,那如同哭泣般的啼叫仿佛在告诉李白,家中的妻儿还等着他归来。

第二天一早,李白便迫不及待地踏上归乡之路。

离开长安时，还是阳春三月，不知不觉，一整个春夏已经在旅途中度过了，凉爽的秋日已伴随着一阵凉爽的秋风到来。

李白一路走走停停，既是了解各地风土人情，也是散心。每到一处，他总能交上几个朋友。当他的脚步踏上陈留的土地，一段史诗般的友情，即将与李白不期而遇。

此时，杜甫刚好也在陈留，他是来为母奔丧的。杜甫比李白小十一岁，很早就拜读过李白的诗作，视李白为偶像。偶像的到来，令杜甫激动不已，连忙向身边的亲朋好友四处打听，看是否有人能帮他牵线，与李白见上一面。

杜甫好不容易找到一位与李白相识的人，于是请求对方帮忙引荐。终于，在一场宴会上，杜甫与李白见面了，当"诗仙"遇上"诗圣"，便在诗坛上碰撞出化学反应，擦出闪耀千年的火花。他们从此激励着彼此，催生出无数流传千古的佳句名篇。

出现在杜甫面前的李白，完全符合杜甫的想象。李白的双目炯炯有神，仿佛燃烧着不熄的火焰。他穿着朴素，却难掩他超凡脱俗的气质。站在偶像面前的杜甫有些不知所措，却又要极力保持风度，让李白多关注一下自己。

其实，李白对杜甫也早有耳闻，"会当凌绝顶，一览众山小"，就是出自杜甫的手笔。看着站在眼前这个年轻人，李白想到了年轻时的自己。缘分这个东西最是奇妙，有缘分的人，只需一眼，便能成为知己。李白与杜甫便是如此。

通过交谈，李白得知杜甫也像自己当年一样，为了走入仕途四处干谒，往来于诸侯门第之间。可直到如今，虽然杜甫已经诗名远扬，却依然仕途无望。

相同的经历，他们谈得更加投机，一场宴会结束之后，李白与杜甫已经成为可以私下一同喝酒的朋友。杜甫将自己的朋友高适介绍给李白，他是一个游侠般的人物，与李白个性十分相似，一身侠肝义胆，因为忍受不了官场中的黑暗苟且，索性放弃仕途，辞官远游。

一日，三人结伴游览梁园，梁园也叫梁苑，是汉代梁孝王所建。而宋州平台则是春秋时代宋平公所建。这两处遗迹让李白感慨颇多。在长安拜谒失败的愁情依然还在，漫游梁园，李白感怀起三国时期阮籍《咏怀》中的诗句："徘徊蓬池上，还顾望大梁。绿水杨洪波，旷野莽茫茫。走兽交横驰，飞鸟相随翔。是时鹑火中，日月正相望。朔风厉严寒，阴气下微霜。羁旅无俦匹，俯仰怀哀伤。小人计其功，君子道其常。岂惜终憔悴，咏言著斯章。"

梁园与长安之间，隔着千山万水，道路迢迢。想要再重返西京，或许希望已经不大了。想到此处，李白安慰自己，人生必须看得开，与其自寻烦恼，不如登上高楼，一边饮美酒，一边欣赏风景。

就在此时，不知从何处传来一阵悠扬的琴声。高适笑着说："凭吊怀古，不可无酒。"杜甫则接着说："不可无酒，更不可无诗。"二人的想法与李白不谋而合，他们立刻请人帮忙置办一桌酒菜，以及笔墨纸砚，在高台上开怀畅饮，谈笑风生。

当喝到兴起,高适提议:"在纸上写诗无趣,不如我们每人作一首诗,就题在梁园的墙壁上如何?"得到杜甫与李白的赞成,高适率先在墙壁上写下一首《古大梁行》:

古城莽苍饶荆榛,驱马荒城愁杀人。
魏王宫观尽禾黍,信陵宾客随灰尘。
忆昨雄都旧朝市,轩车照耀歌钟起。
军容带甲三十万,国步连营一千里。
全盛须臾哪可论,高台曲池无复存。
遗墟但见狐狸迹,古地空余草木根。
暮天摇落伤怀抱,抚剑悲歌对秋草。
侠客犹传朱亥名,行人尚识夷门道。
白璧黄金万户侯,宝刀骏马填山丘。
年代凄凉不可问,往来唯见水东流。

一首大气磅礴的诗一挥而就,李白与杜甫连声叫好。轮到杜甫,他提笔在墙壁上写下一首《遣怀》:

昔我游宋中,惟梁孝王都。名今陈留亚,剧则贝魏俱。
邑中九万家,高栋照通衢。舟车半天下,主客多欢娱。
白刃雠不义,黄金倾有无。杀人红尘里,报答在斯须。
忆与高李辈,论交入酒垆。两公壮藻思,得我色敷腴。
气酣登吹台,怀古视平芜。芒砀云一去,雁鹜空相呼。
先帝正好武,寰海未凋枯。猛将收西域,长戟破林胡。
百万攻一城,献捷不云输。组练弃如泥,尺土负百夫。
拓境功未已,元和辞大炉。乱离朋友尽,合沓岁月徂。
吾衰将焉托,存殁再鸣呼。萧条益堪愧,独在天一隅。

乘黄已去矣,凡马徒区区。不复见颜鲍,系舟卧荆巫。

临餐吐更食,常恐违抚孤。

男儿豪情,尽在杜甫笔下。李白一面吟诵着杜甫的诗句,一面回想着自己的经历,一杯接一杯地饮下苦酒。轮到李白作诗,他已经喝得大醉。

或许此刻的唐玄宗正在皇宫中享受着奴仆与妃嫔的服侍吧,哪怕是在炎热的五月,皇宫中都如十月清秋一般凉爽。宫中的一切珍馐美酒都是为皇帝所制,可是皇帝是否想过,当初的信陵君是何等富贵荣华,可是如今呢?他的墓地荒芜不存,已经成为百姓的耕地。当年的皇宫,也只剩下几株古老的树木,高耸入云,只有一轮明月照在荒凉的古城上。

昔日梁王的宫殿是何等繁盛?如今又在何处呢?当年的枚乘和司马相如等人,一个个都先后归去了。当年的歌舞升平,只剩眼前的一池绿水,空流入海。不知为何,李白越想越伤感,甚至泪洒衣襟,不如借酒沉醉吧,就像当年谢安东山高卧一样,等待时机到来,再大济苍生,为时不晚。

借着酒兴,李白提笔在墙壁上写道:

梁园吟

我浮黄河去京阙,挂席欲进波连山。

天长水阔厌远涉,访古始及平台间。

平台为客忧思多,对酒遂作梁园歌。

却忆蓬池阮公咏,因吟"渌水扬洪波"。

洪波浩荡迷旧国，路远西归安可得！
人生达命岂暇愁，且饮美酒登高楼。
平头奴子摇大扇，五月不热疑清秋。
玉盘杨梅为君设，吴盐如花皎白雪。
持盐把酒但饮之，莫学夷齐事高洁。
昔人豪贵信陵君，今人耕种信陵坟。
荒城虚照碧山月，古木尽入苍梧云。
梁王宫阙今安在？枚马先归不相待。
舞影歌声散绿池，空余汴水东流海。
沉吟此事泪满衣，黄金买醉未能归。
连呼五白行六博，分曹赌酒酣驰晖。

歌且谣，意方远。

东山高卧时起来，欲济苍生未应晚。

借这一首《梁园吟》，他将心中这激越而复杂的感情抒发了些许，多少算得上一种排解。

一句"路远西归安可得"，分明是在对自己已经破灭的理想无限的惋惜，而这才是李白一切愁绪的根源。理想破灭，或许是心存浪漫之人最大的悲愤。极度痛苦之下，李白甚至将自己过往的追求全盘否定，他很想问一问自己，究竟怎样做才是正确的？

那一日，李白、杜甫、高适三人把酒论诗，直到尽兴方归。黄昏时分，一位端庄的女子在丫鬟的陪伴下路过他们三人白天饮酒的地方，看到墙壁上墨迹未干的诗句，女子不由得停下脚步，确认附近没有其他人，这才放心大胆地进去观赏。

　　从李白的诗句中,她读出了他的壮志未酬,以及欲济苍生的豪情壮志,不禁在心中暗暗为李白叫好。正看得意犹未尽的时候,一位小僧人提着水桶过来,想要擦拭掉墙壁上的字迹,那位女子立刻出言制止,让小僧人无论如何也要保留墙壁上的诗句,她愿意用一千两银子买下这堵墙壁。

　　这位女子原来就是已故宰相宗楚客的孙女,宗小姐千金买壁的消息不胫而走,传遍大江南北。李白并不知道,上天已为他的另一段姻缘埋下了伏笔。

第五章

现实无情·人生得意须尽欢

喜欢风景的人,逃不过红尘

美酒、朋友、看不完的风景,是李白人生中三大乐趣。只要有这三样陪伴,哪怕是世事坎坷,他也能笑看风云。或许这就是洒脱之人最大的优点,从不过分在意痛苦的事情,哪怕身处波涛汹涌之中,也仿佛置身事外,云淡风轻。

杜甫和高适,出现在李白生命中最失落的时候。他们的陪伴给了李白莫大的安慰。那些不开心的事情已经无力扭转,索性珍惜眼前人,共享眼前的欢乐与美景。

秋日已近,高适提议三人一同去狩猎。李白与杜甫都是豪爽的人,对于狩猎这样尽显男儿本色的事情自然不会推辞。高适将狩猎的地点选在孟诸,那里有五十多里的猎场,到处都是飞禽走兽,许多爱好狩猎的人都会选择去那。

骑在马上追着猎物飞驰的感觉,让李白感受到久违的轻松快意。他已经不记得自己有多久没有像现在这样开怀大笑了,能否打到猎物并不重要,重要的是打猎可以发泄他心中积郁的闷气,浑身上下被汗水浸透,酣畅淋漓。

光阴最是薄情,只知向前奔走,从不怜惜身后对其恋恋不舍的那个人。只要离开，它便再也不会回头。那些幻想着能让老去的容颜重回年轻的人，注定要为光阴而伤心。

人生就像漂浮的烟，风一吹就散。李白似乎看透了些什么，又好像只是在安慰自己。此刻的他正策马扬鞭，拉满弓弦，追逐着四散奔逃的野兽。他兴奋得大喊大叫，一路驰骋着杀出单父城东的田野。

一旁的高适和杜甫也不甘落后，他们呐喊着加入李白的狩猎阵营，一直到天近黄昏才尽兴而归。

三个人把自己猎到的猎物堆在一处，清点了一下，数目不少，种类也不少。狩猎之后，便是要尽情享用战利品。三人扛着猎物找到一处酒楼，据说这家酒楼的酒极好，配得上新鲜肥美的猎物。

店家忙不迭地招待三人落座，又殷勤地将猎物拿去处理、烹饪，李白对美食最有研究，知道什么猎物适合炖煮，什么猎物适合烧烤，什么猎物适合清蒸。一番忙碌寒暄过后，三个人总算清静下来，一面畅饮美酒，一面痛快地聊着白天狩猎的经历。

吃得开心，喝得快乐，聊得尽兴，唯一的缺憾便是少了美女相伴。店家十分识相，叫来两名歌舞伎为李白三人助兴。女子歌声婉转，舞姿蹁跹，一天的疲惫就这样渐渐退去了。高适提议让李白作诗，李白正有此意，当即便吩咐店家准备笔墨纸砚，顷刻间便写好一首诗：

秋猎孟诸夜归置酒单父东楼观妓

倾晖速短炬，走海无停川。

> 冀餐圆丘草，欲以还颓年。
> 此事不可得，微生若浮烟。
> 骏发跨名驹，雕弓控鸣弦。
> 鹰豪鲁草白，狐兔多肥鲜。
> 邀遮相驰逐，遂出城东田。
> 一扫四野空，喧呼鞍马前。
> 归来献所获，炮炙宜霜天。
> 出舞两美人，飘飘若云仙。
> 留欢不知疲，清晓方来旋。

一场欢饮直到天亮才结束。每一次与杜甫和高适结伴游玩，都是李白最放松的时候。可是只要回到现实，曾经在朝中经历的那些不快，还是偶尔会袭上心头，让李白眉头紧锁。

他虽远离朝堂，对国家政事却始终关注。好在杜甫和高适时常拉着李白四处游览古迹，分散他的伤心。

一日，三人又结伴同行，来到琴台古迹。这不是李白第一次来到琴台，可是每一次来到这里都有不一样的感受，变的不是琴台，而是李白的心境。相传春秋时代的琴师俞伯牙曾在此处借琴声抒怀，砍柴的樵夫钟子期刚好路过此地。他从俞伯牙的琴声之中听出了心事，听出他的志向远在高山流水之间。

一曲弹罢，俞伯牙已将钟子期当成知音。从此以后，俞伯牙只要谱出新曲便会拿给钟子期品评，钟子期也从不辜负俞伯牙的期望，总能听懂曲中的意味。

后来，钟子期因病离世，俞伯牙悲痛不已。他在钟子期的墓前将琴砸得粉碎，没有了懂自己的人，还弹琴给谁听？从此，俞伯牙发誓永不弹琴。

俞伯牙和钟子期都已作古，李白面前的琴台早已空荡。他懂得俞伯牙失去知音后，内心该是何等孤寂。或许此刻断送了理想的自己，便与当年失去知音的俞伯牙一样伤心吧？

高适对俞伯牙和钟子期的故事同样心有所感，一首《同群公秋登琴台》，便是他对高山流水觅知音的感慨：

古迹使人感，琴台空寂寥。
静然顾遗尘，千载如昨朝。
临眺自兹始，群贤久相邀。
德与形神高，孰知天地遥。
四时何倏忽，六月鸣秋蜩。
万象归白帝，平川横赤霄。
犹是对夏伏，几时有凉飙。
燕雀满檐楹，鸿鹄抟扶摇。
物性各自得，我心在渔樵。
兀然还复醉，尚握尊中瓢。

此刻的高适与李白，便如同俞伯牙与钟子期。他们遭遇相似、个性相似、此刻的心境也相似。李白能从诗中读懂高适的悲伤，更能读懂他的狂放。

高适的悲伤，除了源自官场上的失意，更源自即将面临与李白和杜甫的分别。他要漫游的地方还很多，不可能永远在同一个地方逗留。若不是遇上杜甫和李白，或许他早就离开中原了。

李白和杜甫追问高适接下来的行程，高适说自己没有固定的目标，甚至没有固定的方向。无论东南西北，他只随心而行，遇到喜欢的地方，便停下来生活一段时间，好好感受那里的风景与人情。

这样的生活是李白一直幻想实现的。可惜他虽想隐世，却又割舍不掉红尘，便只能在隐与不隐之间纠结着。

这几日，李白已经习惯了高适和杜甫的陪伴。乍然少了一个人，总是感觉心底空落落的。秋日已过，梁宋大地上被初雪覆盖成一片银白。这里已经没有太多景色可以欣赏了，李白决定离开。他向杜甫说明去意，巧合的是杜甫也打算离开此处，并且不知下一站去往何处，两人商量了一番，便决定结伴前往名山大川寻仙访道。

临行前几日，杜甫又专程来找李白，脸上一副神秘的表情，又似乎掩藏不住笑意。他故弄玄虚地问李白，这几日可曾听到什么传言？李白被他问得一头雾水，问杜甫究竟发生了什么事。

杜甫将宗小姐当日在梁园千金买壁的事情说给李白听，李白简直不敢相信。杜甫还说，这位宗小姐是出身名门的才女，知音律、善抚琴，父母把她当作掌上明珠一般疼爱，还准许她自己挑选夫婿。只是这位宗小姐眼光极高，多少豪门显贵上门提亲，都被宗小姐婉拒了。民间为此流传着一句民谣："今人难娶宗氏女，除非神仙下凡来。"

杜甫越说越兴奋："神仙下凡，说的不就是兄长你吗？这是上天赐予的缘分啊，兄长千万别退缩。"

李白的确接到亲戚从东鲁寄来的书信，说刘氏忍受不了清贫的生活，将两个孩子托付给亲戚照料，独自一人离开了。即便如此，李白从未有过再娶的打算。如今听到杜甫这样说，他是有些蒙的。

在这件事上，杜甫比李白豪爽。他告诉李白，先不要管是否能结成这门亲事，先去宗府登门拜访，见一见宗小姐也好。

李白几乎是被杜甫连拉带拽到了宗府门口，递上拜帖之后，里面很快传话有请。宗小姐已经端坐在会客厅，她落落大方，丝毫没有寻常女子的忸怩之态，直言不讳地表达了自己对李白和杜甫诗作的欣赏，反而让李白觉得自己有些不够大方。

一番畅谈，让李白对宗小姐心生好感。这位宗小姐的确是个才女，更是懂诗之人，骨子里还有女子少有的豪爽，光是看她千金买壁的举动，便知这位女子不是个重财之人。只是李白虽对宗小姐有意，却不愿受儿女之情牵绊。他想要无牵无挂地遨游四方，这颗刚刚种下的爱情种子，被李白悄悄地埋在了心里，不打算让它继续萌芽。

纵然依依不舍，李白还是和杜甫离开了中原，渡过黄河，去王屋山小有清虚洞天拜访道士华盖君。

只可惜，不久之前，华盖君刚刚仙去。李白有些失望，正在思索下一站该去往哪里，杜甫却收到了家中来信，让他速速赶回洛阳。临行之前,杜甫再三向李白承诺,一旦家中事情处理完毕,便立刻前来寻找李白。

杜甫还专门写下一首《赠李白》,作为日后重逢的约定:

> 二年客东都,所历厌机巧。
> 野人对腥膻,蔬食常不饱。
> 岂无青精饭,使我颜色好。
> 苦乏大药资,山林迹如扫。
> 李侯金闺彦,脱身事幽讨。
> 亦有梁宋游,方期拾瑶草。

两位好友先后辞行,李白突然有些寂寞。他打算进山修道,在山中躲一躲清静。听说鲁地历城有一处紫极宫,刚好离家不远,李白便径直来到这里,跟随一位名叫高如贵的道士潜心修道,并受道箓于紫极宫。按照道家规矩,只要受道箓,便是一名真正的道士了。

这也恰恰满足了李白平生的夙愿,为了这个特殊的时刻,他必须写诗做纪念:

奉饯高尊师如贵道士传道箓毕归北海

> 道隐不可见,灵书藏洞天。
> 吾师四万劫,历世递相传。
> 别杖留青竹,行歌蹑紫烟。
> 离心无远近,长在玉京悬。

摆脱红尘俗世的拖累,走上求仙之路,是李白一直以来的梦想。他故作洒脱地告诉自己,成仙以后登上极乐世界，成为玉皇大帝的座上宾，岂不是比做官要快乐许多？

其实，李白算不上真正的道士，最多只是俗家弟子而已。家中两个年幼的孩子，便是他在红尘中最割舍不下的亲情。成仙？只能是美梦而已。

李白只不过借着修道的生活让自己内心清静下来，他总是想念杜甫，如果杜甫能早日与他一同进山隐居，那该多么快乐？他在山中等了许久，依然没有杜甫的消息，李白对两个孩子的思念之情却一日胜似一日。终于，他决定离开紫极宫，回到家里照顾一双儿女。

此番归家，李白再也不用面对刘氏的脸色。家里早已人去屋空，李白去亲戚家里接回两个孩子，整天教孩子识字读书，平淡而快乐。

唐玄宗的"赐金放还"的"金"确不是个小数字。他赏赐的这些钱足够李白在家中盖起一座酒楼，闲来无事，这里便是李白呼朋引伴饮酒作乐的场所。除了酒楼，李白还在家中修建了一座炼丹房。作为一名道士，炼丹是他日常的必修功课。

当又一个春日来临，李白终于收到了杜甫的消息。他已经在匆匆赶往东鲁的路上，迫不及待地想与李白相聚。

豪情抚不平心伤

曾经,追逐梦想是他的一切。为了登上那梦中的朝堂,他舍弃了太多人与事,错过了人间太多美好的风景。转瞬之间,青春已逝,现实却给了他最残酷的打击。无论是谁,内心都会被砸出一个巨大的空洞,再多安慰也无法将心伤抚平。

与杜甫的重逢,总算能为李白疗伤。在泗水旁,李白等到了久别重逢的那一刻。兄弟之间无须太多客套,一个拱手便是说不尽的真情。

东鲁山美水美,杜甫一来便不想走了。李白陪着他漫游山野,一个春天就这样悠闲自得地过去了。春末夏初时节,李白再次收到好消息,高适已经到了济南,邀李白和杜甫再去相聚。

当李白和杜甫赶到济南时,天气已经渐渐热了起来。济南郡司马李之芳刚刚建好一座新亭,诚邀齐鲁名士相聚。高适、杜甫、李白便一同出现在当日的宴席上。让李白意外的是,在这场宴席上,他见到了一位故人——时任北海太守的李邕。

当年李白干谒李邕，没能获得举荐，内心激愤之下写出"大鹏一日同风起，扶摇直上九万里"这样的豪言壮语，也给李邕留下了深刻印象。不过，这一次李邕并不是为李白而来的。李之芳是李邕的从侄，听说杜甫会出现在李之芳的宴席上，李邕才专程从北海赶来与杜甫会面。

当时李邕已经六十八岁，杜甫只有三十三岁。不远千里特意赶来与一个后生会面，足以见得李邕对杜甫的赏识。杜甫虽然还没有求得一官半职，但诗名早已远扬，慧眼识珠的李邕也已经预感到，杜甫将拥有一个光芒万丈的未来。

李白与李邕的意外重逢，让彼此都有些小小的尴尬。不过毕竟已经过去了二十多年，二人相视一笑，也算是拂去了过往。看着李邕的满头白发，李白也不禁感叹时光飞逝。当年的他刚刚二十出头，正意气风发，如今已经人到中年了。

他们平静地聊着这二十年来彼此的经历，得知李白在仕途上遭遇的种种坎坷，李邕不免唏嘘感叹。李邕告诉李白，自己在官场上的经历并不比他好多少，就在这次重逢前不久，他才刚刚死里逃生。

原来，李邕是出了名的喜欢结交名士，用在结友交游上的开销不少。每当手头拮据的时候，李邕便会将公款暂时挪用一下。开元十三年（725），唐玄宗泰山封禅返回长安，当车驾路过汴州的时候，时任陈州刺史的李邕特地从陈州赶来谒见。他接连献上几篇辞赋，让唐玄宗大为赏识。

有了皇帝的称赞，李邕竟有些飘飘然起来。

他总是自我吹嘘："凭我的才华，当个宰相都是绰绰有余。"大话说得多了，难免得罪人。中书令张说听见李邕的这番话之后，对李邕多有不满。不久之后，李邕挪用公款事发，张说将两笔账合到一块，判了李邕一个死罪。

幸好许州人孔璋向唐玄宗上书，写了一道感人肺腑的奏折替李邕求情，打动了唐玄宗，这才免了李邕的死罪，将他贬为钦州遵化县尉。

其实，二十年来，李白并不是一点都不知道李邕的消息。别人口中的李邕，是一个见义勇为的侠义之人。曾经有一个女子，丈夫被人谋害，女子持刀复仇，杀死真凶后被捕入狱。女子论罪当死，是李邕奋不顾身向朝廷上书，这才救下女子的性命。

只是因为当年李邕不愿举荐李白，李白心中还有些芥蒂，总是不愿意把那个见义勇为的李邕和自己认识的李邕联系到一起而已。

举杯相碰，仰头痛饮，足以让二人冰释前嫌。他们本就无仇，只是李白过于为才华自负，李邕过于看透官场真相，不愿亲手把李白送进官场而已。那一日宴席结束，李白回到住处，越想越觉得自己误会了李邕，他要用诗来记录下李邕的侠义：

东海有勇妇

梁山感杞妻，恸哭为之倾。金石忽暂开，都由激深情。
东海有勇妇，何惭苏子卿。学剑越处子，超然若流星。

捐躯报夫仇，万死不顾生。白刃耀素雪，苍天感精诚。
十步两躩跃，三呼一交兵。斩首掉国门，蹴踏五藏行。
豁此伉俪愤，粲然大义明。北海李使君，飞章奏天庭。
舍罪警风俗，流芳播沧瀛。名在列女籍，竹帛已光荣。
淳于免诏狱，汉主为缇萦。津妾一棹歌，脱父于严刑。
十子若不肖，不如一女英。豫让斩空衣，有心竟无成。
要离杀庆忌，壮夫所素轻。妻子亦何辜，焚之买虚名。
岂如东海妇，事立独扬名。

那一次重逢，也是李白与李邕的最后一次见面。两年以后，李邕便遭到奸相李林甫的迫害，被牵连到"交构东宫"一案当中。七十岁的李邕就这样莫名其妙地被李林甫派去的爪牙"就郡决杀"。

得知李邕的死，杜甫和李白悲痛不已，杜甫哭着写下"坡陀青州血，羌没汶阳瘗"的诗句。愤怒至极的李白则大呼："君不见李北海，英风豪气今何在？君不见裴尚书，土坟三尺蒿棘居。"不过，这都是后话。

在济南待了几日，李白有些百无聊赖，不知如何排解。就在此时，李白忽然想起在那日宴席上结识的隐士范十，他曾经提过自己隐居之地就位于兖州城北，李白不觉兴起，拉着杜甫便匆匆出发，直奔范十住所。

李白自信满满可以找到范十幽居之处，可是刚刚出了城，两个人便在荒坡里迷了路。李白一不留神还被马儿摔落在苍耳丛中。为了见范十，李白出门前特意换上一件华贵的翠云裘，此刻的他全身扎满苍耳，十分狼狈。

好不容易找到范家，范十看到李白这副样子，抓着他的手臂大笑不止，还笑着说自己差点儿没认出来这个满身苍耳的人就是李白。

范十一面嘲笑李白，一面安排人为李白和杜甫置办酒菜。范十家里有一处菜园，桌上的蔬菜都是从菜园里刚刚摘下来的，十分新鲜。范十还专门吩咐人摘一些苍耳苗来吃，替李白"报仇"。酒过三巡，范十又端出一大盘梨子给他们下酒。那是刚刚经过秋霜的梨子，被范十保存着，这样的梨子最是爽口。李白从不缺好酒好菜，吃腻了山珍海味，哪怕再高档的宴席，也懒得动上几筷子。可是今天范十准备的这一桌酒菜，却十分对李白的胃口。李白狠狠地吃了一顿，酒足饭饱之后，觉得自己明天都不会饿了。

从范十的住所能望见北郭城墙，墙上满是果实累累的酸枣刺。范十家的小菜园篱笆上爬满了藤蔓，上面挂着秋瓜。秋日里看到这样的景象，难免感觉荒凉。李白端起酒杯，敬这荒凉的秋景。

一杯饮罢，李白吟诵起陆机的《猛虎行》：

渴不饮盗泉水，热不息恶木阴。

恶木岂无枝，志士多苦心。

整驾肃时命，杖策将远寻。

饥食猛虎窟，寒栖野雀林。

日归功未建，时往岁载阴。

崇云临岸骇，鸣条随风吟。

静言幽谷底，长啸高山岑。

急弦无懦响,亮节难为音。
人生诚未易,曷云开此衿?
眷我耿介怀,俯仰愧古今。

眼下的欢聚,被李白当作暂时的欢乐,他坚信日后更长久的欢乐是一众好友们在仙境重逢的时候。在官场中,他们都是失意者,既然无能为力,索性玩世不恭。今朝有酒,今朝就喝个痛快吧。

一直喝到夜深,李白才提议回家。范十怕他喝醉,劝他和杜甫住下来,明日再走。李白却偏说自己没醉,还拿自己和晋代的山简作比。他说山简当年经常在襄阳的高阳池喝得烂醉,虽然能勉强骑马,可那烂醉似泥的模样真是可笑。再看看自己,他觉得自己比喝醉的山简强多了。

这一夜痛饮,是杜甫对李白最后的陪伴。他必须离开了,去寻找属于自己的未来。与李白相比,杜甫还年轻。虽然李白已经将朝堂的复杂描述给杜甫,但杜甫还是希望凭借自己的能力,获得一个入仕的机会。在政治理想上,杜甫和李白一样,都希望辅佐君王,重整一个盛世。

李白不能阻止杜甫,他只能送给他最美好的祝福。哪怕明知杜甫这一路诸多凶险,李白也只能任他自己去经历。唯有真正经历过的人,才有资格说放弃。

一个凉爽的秋日,李白在城东石门送别杜甫。杜甫即将去往长安,对于两个生活轨迹完全不同的人来说,分别就意味着后会无期。李白为杜甫举办了一场隆重的饯行宴,哪怕明知道送君千里终须一别,李白也希望让分别的时刻来得再晚一些。

对于诗人来说,送别诗,代表着对即将离开的朋友的看重。对于很多只有一面之缘的朋友,李白也写过不少送别诗。对于杜甫这样的挚友,李白更是必须要写点什么:

鲁郡东石门送杜二甫

醉别复几日,登临遍池台。
何时石门路,重有金樽开。
秋波落泗水,海色明徂徕。
飞蓬各自远,且尽手中杯。

既然早晚都要分别,那就痛快地再醉一场。这大半年的时间里,鲁郡一带的名胜古迹、亭台楼阁,都已被他们二人结伴游遍。李白希望这次分别之后,还能再有与他结伴同游的机会。人生难得遇到志趣相投的人,李白与杜甫相遇是彼此的幸运。他们一样嗜酒,一样热爱游山玩水,他们更像是彼此的影子,从对方身上就能看到自己。

秋高气爽,徂徕山景色迷人。在这山清水秀、风景如画的场景中,李白和杜甫依依惜别。他们仿佛有说不完的话,却又不知从何说起,索性就干了手中这杯酒,用醉酒来代替离别的话语吧。

自从杜甫离开,李白倍感寂寞。曾经热爱的一切,此刻仿佛都不再有吸引力。人是需要陪伴的,伤心需要有人分担,快乐也需要有人分享。

不知是不是因为过于思念杜甫,李白大病了一场。重病之人更觉孤苦,李白在病榻上躺了许久,只觉得这种感觉生不如死。他想要出去散一散心，浑身却没有一丝力气。一连病了十几天，李白整个人瘦了一圈儿，一双眼睛显得更大，却不再焕发精气神。

好不容易把病养好了一些，能在书案前坐稳，李白迫不及待地提笔给杜甫写信：

沙丘城下寄杜甫

我来竟何事？高卧沙丘城。

城边有古树，日夕连秋声。

鲁酒不可醉，齐歌空复情。

思君若汶水，浩荡寄南征。

杜甫没有想到，李白竟然在信的一开头便自责起来。他对自己一连病了多日有些恼恨，恨自己失去了从寻常生活中寻找快乐的能力。自从杜甫走后，眼前的景色哪怕再美，李白也发现不了，他眼中能看见的，只有城边那棵老树；耳中能听到的，唯有那棵老树在秋风中发出的瑟瑟之声。

秋风萧瑟，夜色凄凉，他更加思念杜甫，哪怕借酒也无法浇灭思念友人之苦。然而没想到的是，因为身边缺少了志同道合的人，李白竟然连醉一场的兴致都没有了。他不能接受这样的生活，更不能接受这样的自己。当身体痊愈之后，李白又计划着一场远游。

他想起当年在朝中的忘年交贺知章就在吴越一带，他要去探访老友，找回曾经的快乐、曾经的自己。

梦醒再无故人

如果真的能修炼成仙，或许人生中所有的艰难都会变得不再可怕了吧？每一次坎坷都可以看作是成仙之路上的必修课，这样想着，无论再苦，心头都不会蒙上阴霾。

贺知章是李白最敬重、也最羡慕的人。当年贺知章辞官还乡，是要潜心修道的。一别多年，李白不知道贺知章修炼的成果如何。凭贺知章的一派仙风道骨气韵，即便不能真的得道成仙，至少在家乡也过着自由自在的生活吧。

或许是因为白天想念贺知章太多，到了夜晚，贺知章便出现在李白的梦里。李白记得，他们两人当年经常一起探讨修道成仙的话题，贺知章还告诉李白，海外的瀛洲是仙人居住的地方，只是从来没有人真正找到过仙人的居所。那里被烟波浩渺的大海环绕着，没有人能轻易接近。在李白心目中，瀛洲一直是一个神秘的地方。

在梦中，贺知章对李白提起了天姥山。他说，天姥山就在云雾之间，忽明忽暗，不像瀛洲那样难寻，只要用心就一定能找到。据说，天姥山就在剡溪一带，登山的人曾听到过仙人天姥的歌唱,从此便称这座山为天姥山。

天姥山与天台山相对,站在山下仰望山巅,只觉得仿佛仰望到天界,每个登上天姥山的人都会入临仙境,产生想入非非的幻觉。

其实,天姥山与五岳相比,可以说是小巫见大巫。但它妙就妙在灵秀奇绝,在李白的梦中,天姥山甚至比五岳还要挺拔,就连著名的天台山都如同倾斜着拜倒在天姥山的脚下。李白平生见过许多山,可是却没有任何一座山像梦中的天姥山一样耸立天外,直插云霄。

在梦中,李白在月光的照射下,飞渡过明镜一样的镜湖,他清晰地看到自己的影子倒映在镜湖上,仿佛有一阵清风在脚下托着他,将他稳稳地送到谢灵运当年曾歇宿过的地方。

于是,他穿上谢灵运当年特制的木屐,登上谢灵运当年曾经攀登过的石径,在光线幽暗的深山中,突然看到一轮红日从海上升起,天鸡高唱着迎接天明。阳光下的山花,是那样迷人,李白倚靠着一块巨石小憩,却突然发现暮色又转瞬降临。他正疑惑为何山中朝暮变化如此倏忽不定,突然听到阵阵熊的咆哮与龙的吼叫从暮色中传来,在山谷间震荡,仿佛森林都为这叫声战栗,山峰也为此而惊动。

刚刚还美得如仙境般的天姥山,忽然变得有些惊悚。突然之间,山丘崩塌,訇然间出现一个神仙的世界。李白看到云之君披着彩虹做的衣裳,驱赶着长风作为坐骑,一旁有虎为其鼓瑟,鸾鸟为其驾车,仿佛是要奔赴一场神仙的盛会。

那是一场盛大而热烈的仙人盛会，群仙都在列队欢迎李白的到来。金台、银台与日月交相辉映，那是李白从未见过的壮丽景色，那缤纷的异彩晃得他惊心炫目。

梦中的李白正准备赴宴，仙境却在倏然间消失不见，梦中的幻境彻底破灭，李白也在惊悸中醒来，发现自己并非在天上翱翔，而是躺在床榻上，原来一切都是南柯一梦。其实，人间的欢乐又何尝不像这梦中的幻境，从古至今，万事都如流水东去，一去不返。对于李白来说，最大的快乐就是能让脚步自由自在地徜徉，像他这样高傲的人，怎么能卑躬屈膝去侍奉权贵，让自己不能有舒心畅快的笑颜呢？

从梦中醒来，李白再无睡意。他轻展纸卷，将自己刚才的梦记录在诗中：

梦游天姥吟留别

海客谈瀛洲，烟涛微茫信难求。
越人语天姥，云霞明灭或可睹。
天姥连天向天横，势拔五岳掩赤城。
天台四万八千丈，对此欲倒东南倾。
我欲因之梦吴越，一夜飞度镜湖月。
湖月照我影，送我至剡溪。
谢公宿处今尚在，渌水荡漾清猿啼。
脚著谢公屐，身登青云梯。
半壁见海日，空中闻天鸡。

千岩万转路不定,迷花倚石忽已暝。

熊咆龙吟殷岩泉,栗深林兮惊层巅。

云青青兮欲雨,水澹澹兮生烟。

列缺霹雳,丘峦崩摧。洞天石扉,訇然中开。

青冥浩荡不见底,日月照耀金银台。

霓为衣兮风为马,云之君兮纷纷而来下。

虎鼓瑟兮鸾回车,仙之人兮列如麻。

忽魂悸以魄动,恍惊起而长嗟。

惟觉时之枕席,失向来之烟霞。

世间行乐亦如此,古来万事东流水。

别君去兮何时还?

且放白鹿青崖间,须行即骑访名山。

安能摧眉折腰事权贵,使我不得开心颜!

经此一梦,李白已经迫不及待想要去往吴越,攀登那里的仙山,感受如同仙境一般的山景。第二日,他便打点行囊,作别东鲁的好友,动身启程。

李白从东鲁出发时正是冬日,他计划着一路走一路游,到了初夏,便能赶到吴越之地,那正是当地最美的季节。他甚至开始计划着,到时要和贺知章结伴去山中访道,好好感受一下神仙般的生活。

鲁地冬季多雪,李白大多数时候都是顶风冒雪前行。不过他一点儿都不觉得旅途艰难,心中迫切想要见到贺知章的念头让他胸中仿佛燃烧着火焰,由内而外地温暖。

当行走到睢阳,一场大雪阻碍了李白的脚步。雪路难行，如果执意向前走，说不定会有危险。他索性在睢阳驻足休整，等待雪停。

饮酒赏雪，是人生一大乐事，李白怎么可能错过这样的好机会？他知道睢阳有一处不错的酒馆，坐在临窗的位置上刚好可以欣赏雪景。可是刚一推开酒馆的门，李白就发现自己看中的位置上坐了一个人。那个人背对着李白，看那背影，李白竟觉得有些似曾相识。

正在思索间，那人突然转过身来，竟是一张无比熟悉的面孔——岑勋。十年未见，如今两人竟在睢阳不期而遇。故友重逢对于此刻的李白来说是最大的快慰。想当年，岑勋因仰慕李白的才华，不远千里赶来嵩山与李白会面，李白已经将他认定为知己。只可惜那次分别之后，两人再无机会重逢。

李白激动得大声叫出岑勋的名字，岑勋也激动得站起来，几步赶到李白面前拉着他的手，问他这十年过得可好。

十年离别情，多少惆怅，多少激动。他们各自经历了太多事情，哪怕是说上一天一夜也说不完。只可惜喝过这一顿酒，岑勋便要继续赶路了。岑勋原本家世显赫，是相门之后，却也多次遭到迫害，让他萌发了隐居的念头。这一次，他要奔赴鸣皋，去那里隐居，摆脱世俗纷扰，不再追求功名利禄。

因为关怀太甚，李白莫名地觉得从睢阳到鸣皋的路如此艰难，尤其是看着满山遍野的皑皑白雪、大河冰封，李白甚至替岑勋感到战战兢兢。李白曾经体会过隐居的生活，他也知道，隐居不是躲避世俗的最好办法，他可以想象到，岑勋即便是隐居也很难过上愉快的生活。

不过李白也理解岑勋的感受，当今之世，小人得志，朝堂之上鱼目混珠，真正的君子却势单力孤，不被所容，只能远飞山林。想当年，申包胥在秦国朝堂上恸哭，这才拯救了楚国；鲁仲连假作谈笑，退却秦兵，可在李白看来，这二人的行为都是沽名钓誉，他做不来，宁愿遗世独立，与像岑勋这样的君子相亲相随，徜徉于山水之中。

岑勋去意已决，李白无力挽留，只能写下一首临别诗，赠予岑勋：

鸣皋歌送岑征君

若有人兮思鸣皋，阻积雪兮心烦劳。

洪河凌竞不可以径度，冰龙鳞兮难容舠。

邈仙山之峻极兮，闻天籁之嘈嘈。

霜崖缟皓以合沓兮，若长风扇海涌沧溟之波涛。

玄猿绿罴，舔谈鉴发；

危柯振石，骇胆栗魄，群呼而相号。

峰峥嵘以路绝，挂星辰于岩嶅！

送君之归兮，动鸣皋之新作。

交鼓吹兮弹丝，觞清泠之池阁。

君不行兮何待？若反顾之黄鹤。

扫梁园之群英，振大雅于东洛。

巾征轩兮历阻折，寻幽居兮越巇崿。

盘白石兮坐素月,琴松风兮寂万壑。

望不见兮心氤氲,萝冥冥兮霰纷纷。

水横洞以下渌,波小声而上闻。

虎啸谷耳生风,隆藏溪而吐云。

冥鹤清唳,饥鼯嗍呻。

块独处此幽默兮,愀空山而愁人。

鸡聚族以争食,凤孤飞而无邻。

蝘蜓嘲龙,鱼目混珍,嫫母衣锦,西施负薪。

若使巢由桎梏于轩冕兮,亦奚异于夔龙蹩躠于风尘!

哭何苦而救楚,笑何夸而却秦?

吾诚不能学二子沽名矫节以耀世兮,固将弃天地而遗身!

白鸥兮飞来,长与君兮相亲。

告别岑勋,李白继续赶路。抵达扬州时,天气已经渐渐转暖。李白曾几度来到扬州,在那里也有许多旧识,得知李白到来,昔日好友们也纷纷设宴款待。好友又带来好友,一场宴席下来,李白又结识了许多新朋友。

他们对李白的经历非常感兴趣,纷纷要李白讲述这些故事。李白一面饮酒,一面回忆自己的过往:

从青葱少年时起,李白结识的人便都是豪杰之士。那时的他骑着饰金骏马,腰间佩带着龙泉宝剑,心中从来没有疑难事,只要想去的地方,便会毫无顾忌地奔赴过去。可是如今回想自己的少年时代,李白觉得当时的自己有些粗俗，那些曾经不明白的道理，现在越细想起来，越觉得奥义无穷。一直到中年，他才终于获得皇帝的垂青，用自己的诗文得到了皇帝的认可。可是伴君如伴虎，在皇帝身边的日子，李白只觉得骑虎难下，直到唐玄宗赐金放还，他虽愤懑，却也重新找回了真正的自己。

众人听着李白的经历，纷纷唏嘘感叹，他们一杯又一杯地向李白敬酒，仿佛将所有安慰的话语都融在了酒里。

一连在扬州逗留了多日，李白这才辞别众好友，赶往贺知章的家乡会稽。贺知章辞官之前，特意将家中的地址留给李白，想到即将与贺知章重逢，李白激动不已。他在眼前一遍又一遍地勾勒着和好友重逢的情景，只等见面那一刻，大叫一声"贺老"，再从贺知章眼中寻找重逢的惊喜。

当"贺府"二字出现在李白面前时，李白激动得几乎想要直接冲进去。他好不容易压制住内心的喜悦，轻叩门扉，很快便有贺府的门房打开了大门。李白恭敬行礼，告知对方自己的身份和来意。

门房的表情带着几许悲伤，他告诉李白，贺知章已经在三年前故去了。如同一道霹雳横空劈下，李白几乎听不清门房后面的话。他的视线瞬间模糊起来，眼泪止不住地往下流。三年前，那是贺知章辞官不久后的事情。李白做梦都没有想到，京城一别，竟是永诀。

李白从门房那里了解到贺知章的墓地所在，他来到贺知章坟前，焚香烧纸，洒酒祭奠。随着纸钱一同焚烧的，还有李白祭奠贺知章的诗稿：

对酒忆贺监二首(并序)

太子宾客贺公,于长安紫极宫一见余,呼余为"谪仙人",因解金龟换酒为乐。殁后对酒,怅然有怀,而作是诗。

四明有狂客,风流贺季真。
长安一相见,呼我谪仙人。
昔好杯中物,翻为松下尘。
金龟换酒处,却忆泪沾巾。

狂客归四明,山阴道士迎。
敕赐镜湖水,为君台沼荣。
人亡余故宅,空有荷花生。
念此杳如梦,凄然伤我情。

李白相信,贺知章一定能够读懂自己对他的思念。所谓知己,是可以跨越生死的。

借酒浇愁愁更愁

当心心念念的目标变成一场空,巨大的失落便会从心底滋生。李白期待中的会稽之旅应该是充满了诗酒、好友与欢笑的,贺知章的离世让李白失去了留下来的意义。

祭奠过贺知章,李白独自一人登上了天台山。那是贺知章在梦中和他提到过的地方,他回忆起临行前的那个梦,或许是贺知章感知到李白对他的想念,才特意出现在他的梦中。

站在天台山顶,李白眺望远方的大海,只觉心潮澎湃。可是,他并没有看到传说中海上的三座神山,更没有见到所谓的东海六鳌,想必早已成了如霜的白骨了吧。人们总说太阳每天都从东海中的扶桑树上升起,可是那传说中的神树在哪里呢?恐怕也早已摧折了吧?

或许,所谓的仙界是根本就不存在的吧?如果这样,曾经听到的那些神话传说也不过是虚妄而已了。因为没有找到扶桑树,李白甚至觉得太阳都失去了光彩。

有许多次,李白在梦中见到神话中的银台金阙,不知是不是当年的秦始皇和汉武帝都曾经梦到过这些场景,所以才有那样强烈的成仙渴望,只可惜成仙这种事,注定只是一场空梦。这样想着,李白对曾经听过的神话传说都产生了怀疑,都说精卫死后化成海鸟,填海救父,这种行为有什么真正的意义呢?不过是白白浪费了那些木头和石头罢了!至于鼋鼍驾海为梁的传说,也找不到什么依据,不过是世人的幻想!

遥想当年,秦始皇、汉武帝为了追求长生不老,一生穷兵黩武,最终却免不了一死的结局。秦始皇大兴土木,修建骊山陵;汉武帝兴师动众,修建茂陵,他们死后的肉身住在里面,魂魄可曾得到过一刻安宁?到如今,曾经的帝王不是也已化作尘土了吗?他们当年那样在意死后的居所,如今不也只能任凭牧羊的孩子在他们的陵墓前攀来登去,无人来管,曾经用来陪葬的那些金银珠玉,也早已被盗贼洗劫一空。

他们活着时,叱咤风云,何等威风?甚至不管百姓死活,只为一己尊荣。死后呢?如果魂魄真的还在,也没有任何能力了。想要乘飞龙成仙?不过是白日做梦而已。历史就是这样无情,生老病死也向来残酷,纵然是天生的野心家,也无法超越自然的法则,最终还是要和所有普通百姓一样,化为深埋土堆里的一把枯骨。

每当人们提起那些妄想长生不老的皇帝,总是当作笑谈。李白听说唐玄宗越来越沉迷于长生不老之术,每日沉溺于佛道与仙道之中,比起秦始皇和汉武帝,有过之而无不及，且同样穷兵黩武，荒淫无度。李白为此深深担忧，可惜却无能为力。

攀登天台山，并没有让李白心情好转起来，他想要尽快离开这里，返回金陵。李白对那里的歌舞升平记忆犹新，或许此刻唯有纵情欢笑，才能抛开忧愁吧。

临行之前，李白再一次来到贺知章的墓地，他是来告别的，手中还握着写给贺知章的告别之语：

重忆一首

欲向江东去，定将谁举杯？

稽山无贺老，却棹酒船回。

此地已无故友，索性掉转船头回金陵吧。

从会稽去往金陵的路，李白总是觉得和上一次来的感受不同。然而李白也并不觉得意外，如今奸臣当道，宦官掌权，忠臣贤士遭到迫害，就连百姓都感觉出如今的大唐已不似从前那样太平，唐玄宗却依然以为自己拥有的是太平江山。

一路上，李白听到了太多百姓的怨声载道，唯一的欣慰，就是江南的山水依然向世人展现出最妖娆多姿的一面。

在金陵的清秀山水中，李白与崔成辅重逢了。早在天宝三载（744），崔成辅的上司——陕郡太守兼水陆转运使韦坚因为开新潭有功，被升为三品刑部尚书，在广运潭漕运总码头的落成典礼上，一百多人齐声向唐玄宗高唱："得宝弘农耶，弘农得宝耶！潭里船车闹，扬州铜器多。三郎当殿坐，看唱《得宝歌》。"而这首歌的曲调，就是由唐玄宗亲自谱写而成，站在船头领唱的那人，便是崔成辅。

因为这一首歌，崔成辅深受唐玄宗赏识，官升一级，很是意气风发了一阵子。可如今重逢，李白只觉得崔成辅与当年判若两人。曾经的英俊潇洒丝毫不见，只剩下满脸沧桑。李白不禁追问崔成辅为何如此，崔成辅说起其中的原委，满腹辛酸。

原来，自从韦坚升官之后，李林甫为了铲除异己，诬陷韦坚勾连外官，谋立太子，唐玄宗一怒之下将韦坚贬出长安。这桩案子牵连了很多人，其中就包括左相李适之。

李林甫本打算治韦坚死罪，看到韦坚只是被贬出长安，心有不甘，于是指使罗希奭和吉温，活活将韦坚逼死。

崔成辅越说越伤心，竟哽咽得说不下去了。李白越听越愤怒，几乎拍案而起。他不理解，为什么一个堂堂三品官，竟被活活害死？李林甫这个祸国殃民的奸贼，究竟什么时候才能受到天谴？

崔成辅好半天才从哽咽中缓过来，继续对李白说，李适之大人因为害怕遭受迫害，便服毒自尽了。幸亏自己官位低，这才逃过一劫，只是被贬湘阴而已。

李适之是李白在长安待诏翰林时的好友，也是"饮中八仙"之一，为人最是豪迈，竟然沦落到服毒自尽的下场。李白还来不及气愤，崔成辅又说，名满天下的李邕大人也遭人诬陷，严刑逼供之下被活活打死了。

崔成辅还说，现在唐玄宗只看重高力士和安禄山二人，凡是依附他们的人都被封为国之重臣。

李白已经愤怒得说不出话，只剩叹气。长此以往，国将不国，这个所谓的太平盛世，恐怕真的走到尽头了。

崔成辅看出李白的愤怒，为他斟满一杯酒，敬他道："我是潇湘放逐臣，君辞明主汉江滨。天外常求太白老，金陵捉得酒仙人。"崔成辅已经遭遇贬官，却还故意用轻松的口吻来安慰李白，说他是"酒仙人"。李白也不知道该如何安慰崔成辅，只好回赠一首诗：

酬崔侍御

严陵不从万乘游，归卧空山钓碧流。

自是客星辞帝座，元非太白醉扬州。

崔成辅还要在金陵逗留一些日子，李白在金陵也有许多好友，得知李白再来金陵，前来邀约他赴宴的人络绎不绝，李白忙着赴宴，也有好几日没有见到崔成辅。

一日，李白又和十几位好友在金陵城西孙楚酒楼饮酒，他们已经足足喝了一天，许多人都已大醉。李白向来酒量好，也已经醉眼蒙眬。他忽然想起崔成辅，他孤单一人在金陵，不知近况如何。于是李白在酒桌上振臂一呼，要带着十几位酒友去看望崔成辅，给他解闷。

李白叫醒睡着的酒友，自己走在前面，跌跌撞撞走出了酒楼。临走之前，他随手抓起自己的外衣，胡乱穿在身上，竟然将衣服穿反了，他却毫不在意。刚走出酒楼，一阵夜风吹过，将李白的帽子从头上吹落下来。李白连路都走不稳，更何况弯腰捡帽子。他费了好大的力气，才将帽子捡起来戴在头上，偏巧又一阵风吹过，又把帽子吹落了。

为了捡起帽子，李白又花了好一番工夫。这一次，他顺手从路旁摘了一把野草，将帽子牢牢地绑在了头顶上，嘴里还不住地念叨："让你还掉，让你还掉。"李白滑稽可爱的样子逗笑了众人，李白也跟着哈哈大笑，之后豪爽地一转身，引领众人去找崔成辅喝酒。

崔成辅的住处在秦淮河对岸，一行人乘着小船，半夜大醉而来。崔成辅并不生气，反而觉得李白的举动十分暖心。他热情地招待着众人，这场酒又喝了一天一夜。李白十分尽兴，他要用诗把这难得的欢饮记录下来：

> 玩月金陵城西孙楚酒楼，达曙歌吹，日晚乘醉著紫绮裘、乌纱巾，与酒客数人棹歌秦淮，往石头访崔四侍御。

昨玩西城月，青天垂玉钩。
朝沽金陵酒，歌吹孙楚楼。
忽忆绣衣人，乘船往石头。
草裹乌纱巾，倒被紫绮裘。
两岸拍手笑，疑是王子猷。
酒客十数公，崩腾醉中流。
谑浪棹海客，喧呼傲阳侯。
半道逢吴姬，卷帘出揶揄。
我忆君到此，不知狂与羞。
一月一见君，三杯便回桡。
舍舟共连袂，行上南渡桥。

> 兴发歌绿水，秦客为之摇。
> 鸡鸣复相招，清宴逸云霄。
> 赠我数百字，字字凌风飙。
> 系之衣裘上，相忆每长谣。

那日痛饮之后不久，崔成辅便离开金陵，去潇湘赴任了。李白也即将离开金陵，重返扬州。他的昔日好友陆调，正在扬州江阳县担任县宰，李白这一次要去探访他。

李白记得自己年轻气盛时，因为看不惯那些王公贵族整日斗鸡取乐，在长安东市与他们大吵一架。虎落平阳被犬欺，李白势单力孤，那些人却伙同五陵豪士，组织了一伙亡命之徒将李白痛殴一顿。幸亏陆调及时赶来，骑马冲开人群，赶去清宪台请来宪兵，这才将李白解救出来。

陆调一直都是人中豪杰，自从担任江阳县宰以来，他镇压当地恶霸，为朝廷培植新秀，身边聚集了许多贤能之士。李白一直惦记着陆调，只可惜两人远道相隔，无法日日把酒谈心。如今正是江北荷花盛开的季节，江南的杨梅也成熟了，刚好用来下酒。

临行之前，李白装了满满一船的美酒，乘风而下，中途没有一刻停留，一直来到陆调家门前。李白不为别的，只为能和知己同醉一场，趁有生之年尽情开怀吧。

江阳县的确被陆调治理得井井有条，然而这也意味着陆调公务繁忙，不能日日陪李白饮酒。二人用了好几天时间叙旧，只是怕打扰陆调处理公务，李白不得不与他告别，又回到了金陵。

不知不觉，金陵城已经迎来了采桑季，这是采桑女最忙碌的季节。她们要趁桑叶最肥美的时候，为家中养的蚕备足粮食，当蚕吃饱喝足开始休眠的时候，采桑女们才终于能闲下来，带着孩子出门玩耍。

每当看到可爱的孩子，李白便会思念家中的一双儿女。离家这么久，两个孩子一定又长高了一些吧？李白立刻提笔给照顾两个孩子的亲戚写信，问一问孩子们的近况：

寄东鲁二稚子

吴地桑叶绿，吴蚕已三眠。我家寄东鲁，谁种龟阴田？
春事已不及，江行复茫然。南风吹归心，飞堕酒楼前。
楼东一株桃，枝叶拂青烟。此树我所种，别来向三年。
桃今与楼齐，我行尚未旋。娇女字平阳，折花倚桃边。
折花不见我，泪下如流泉。小儿名伯禽，与姊亦齐肩。
双行桃树下，抚背复谁怜？念此失次第，肝肠日忧煎。
裂素写远意，因之汶阳川。

书信带回了李白对一双子女的思念，他们已经太久没有见到父亲了。虽然李白注定不是一个日夜陪伴在子女身边的人，但这样一封信，至少能让两个孩子知道远方的父亲对他们的惦念。

霜染鬓发，不改意气风发

发黄的记忆，总带着些许温度。有些人，从生命中走过，短短相逢便从此不再陌生。哪怕远隔千山万水，也总有几分惦念。

李白与王昌龄算不上至交，不过对于王昌龄的为人，李白十分认可。暮春时节，李白在扬州听到王昌龄被贬龙标的消息。那是一个更加偏远的地方，李白替王昌龄伤心。他不能亲自赶到王昌龄身边安慰，只能写诗，既是安慰王昌龄，也是安慰自己：

闻王昌龄左迁龙标遥有此寄

杨花落尽子规啼，闻道龙标过五溪。

我寄愁心与明月，随风直到夜郎西。

至于王昌龄被贬官的原因，是有人诬陷他生活不够检点，他只能用一句"一片冰心在玉壶"来表明自己的清白。其实，即便王昌龄不为自己辩白，李白也坚信王昌龄是纯洁而高尚的，他愿意将自己的怀念与同情交付给月亮，送到不幸被贬谪的王昌龄身旁。

算算时间，李白离家已经三年，金陵的六月，骄阳似火，闷热得让人心烦。李白懒得出门，正巧友人萧三十一登门拜访。原来，萧三十一即将去往东鲁，他特意来问李白，是否有东西或话语，要他帮忙捎回家里。

李白正在惦念一双儿女，他请求萧三十一去他在东鲁的家里看一看两个孩子近况如何：

送萧三十一之鲁中，兼问稚子伯禽
六月南风吹白沙，吴牛喘月气成霞。
水国郁蒸不可处，时炎道远无行车。
夫子如何涉江路，云帆袅袅金陵去。
高堂倚门望伯鱼，鲁中正是趋庭处。
我家寄在沙丘傍，三年不归空断肠。
君行既识伯禽子，应驾小车骑白羊。

送走萧三十一，李白便继续留在吴中，等待回信。这一等便等到了冬天。江南的冬天并不算寒冷，很少下雪，可是这一夜，却突然下了一场大雪。第二日雪过天晴，李白收到友人王十二的一封来信。

这封信很短，只是一首题为《寒夜独酌有怀》的诗。王十二在诗中说，自己在雪后的夜晚突然有了酒兴，于是便对着天空中一轮清冷的孤月独酌。孤月在人间洒下白霜一般的月光，这样孤寂的夜晚，王十二思念起李白。

王十二也是一名品性高洁之人，最看不惯的便是朝中那些靠斗鸡、谄媚获得官职的人，更看不惯的是这些人竟然以此为荣，个个鼻孔朝天，趾高气扬。王十二在不久前得知，陇右节度使哥舒翰攻破吐蕃石堡城，将其占领。他恨自己不能像哥舒翰那样跨马持刀，血洗石堡，换个紫袍英雄的美名，而只能在北窗下吟诗作赋，哪怕写上万言，也只不过是杯水车薪。

当今天下并不太平，世人也不再欣赏诗词歌赋了。无论听到再好的诗词，他们也会掉头而去，再好的佳句也不过像吹过耳畔的风，听过也就忘了。因此，就连那些鱼目混珠的无能之辈也开始嘲笑王十二，而他们那些斗鸡走狗的把戏，却被他们夸耀成世间少有的宝珠。

王十二在信中感叹，读书人越来越被看轻了，那些蝇营狗苟的小人动不动就给忠臣贤士罗织罪名。欲加之罪何患无辞，很多人就这样死在他们的构陷之中。

看到这封信，李白有些心疼自己的好友。他多想握住王十二的手，跟他说一说心里话。其实，李白早已将功名和荣辱看作身外之物，也并不在意是否还能回到朝中辅佐皇帝。即便显达也没什么值得骄傲的；哪怕穷困也不至于忧愁。他给王十二回了一封信，让他看淡功名，学习范蠡，去五湖漫游吧。

其实，李白也希望能让余生快活一些，可是若朝廷真的需要，他又会立刻应召，尽自己最大的努力替国家挽回太平。

时局已经变得越来越动荡，李白不明白，唐玄宗为什么就沉浸在自己的安乐乡中，对外面的乱象浑然不知。李白虽不是朝廷官员，但他比很多人更加敏锐，他已经预感到,一场大乱即将到来。

唐玄宗看不出安禄山的野心,将他封爵为东平郡王,统领三军。安禄山的手下已经聚集了二十万大军,随时都能攻破长安城门。唐玄宗似乎并没有意识到,朝廷几乎超过一半的军队都掌握在安禄山手里,一旦安禄山叛变,至少在人数上已经拥有压倒性的优势。

可唐玄宗不忧反喜,甚至认为自己能得到像安禄山这样骁勇善战的猛将,是李唐王朝的幸运。

这简直是不可理喻,但安禄山受唐玄宗重用的背后,是一众小人的推波助澜。在奸相李林甫的口中:"文臣为将,怯于战阵,不如用寒族、蕃人。蕃人骁勇善战,而寒族在朝中没有党援。"唐玄宗觉得李林甫的话极有道理,似乎每一个皇帝最大的通病都是想把所有权力都掌握在自己手里。却不知权力也像手中的沙,握得越紧,流失得越多。

或许,善战的蕃人的确不擅长玩弄权势计谋,可并不代表他们没有野心。当蕃人拥有了越来越多的武装力量,获得越来越多的战功,便意味着他们的羽翼日渐丰满。像安禄山这种拥兵自重之辈,也终将成为隐患。

如果有机会,李白一定会将自己看到的一切告诉唐玄宗。可惜他并没有这样的机会。即便他能接近唐玄宗,这位已经被蒙蔽的皇帝也未必肯相信他的话。李白并不在乎谁能坐上皇帝的宝座,他只希望无辜的百姓不要再遭受战争的摧残。

对朝政大事,李白实在无力改变,他的选择只有两个:

一个是继续在山水之间漫游；另一个便是回到东鲁，安心抚育儿女。李白选择了后者，他刚刚回家，任城县厅便派来官差，请李白去为任城作记。

其实，在李白离家的这段时间，任城县厅已经派人来了好几次请他，只是每次都扑空。这次好不容易赶上李白还乡，官差迫不及待地把李白从家中请了出来。

李白虽没有一官半职，却没有人不敬服他的诗名。给任城县厅写记文，这是可以青史留名的事情，李白自然十分重视。任城已是一座古城，据说从伏羲时期开始便已经有了任城。只不过那时的任城还是一个独立的王国，直到秦始皇统一六国，实行郡县制，任城才成为县城。

对于任城的历史，李白早已从书中了解了许多。书中写到，任城曾是鲁国属地，鲁国当年共有十一个郡县，因为任城东临琅琊郡，西临巨野泽，北连古厥国，南接滕国互乡，所以成为鲁国郡县中最重要的一个。它共经历了三十二代国君，最终鲁国灭亡时，任城便被楚国夺去。

任城的确是一处美丽的地方，这里的百姓生活富足，家家都住着宽敞华丽的房屋。李白最喜欢有山有水的地方，任城便是这样一处风景优美之地，最让李白叹服的，是这里的水路发达，各地客商在此处云集，也开拓了当地百姓的眼界。

更可贵的是，任城向来有文武双修的习俗，李白最赞成这种观念。从任城走出去的士子，都不是只会迂腐读书之辈，个个文武双全。

在任城，李白受到了县尉的热情款待。李白尊重任城县尉，百姓生活得好，便证明他治理有方。一场接风宴隆重而又热闹，李白很少主动给别人敬酒，唯有被他认可的朋友，或是被他敬重的人才有这样的礼遇。这一次，李白主动向任城县尉敬酒，又说了一番发自肺腑的赞美之词："美丽的锦缎不能交给一个刚学会裁剪的人来制衣，皇帝也不会随便挑选一个人来担任地方长官。尤其是像任城这样乡广人多的地方，只有像贺公这样德高望重、德才兼备之人才能治理好。在我李白心目中，贺公温和恭逊、踏实稳重，又敢于独辟蹊径，堪称完美。"

任城县尉被李白夸得高兴，嘴里却不住地自谦，说李白过奖。李白反而觉得自己夸得还不够，继续说："贺公自谦了，您恢宏的气度堪比褚季野，才华堪比庞统，您下发的政令都是根据当地实际情况来制定的，不是用来装点自己的业绩，只是为了任城百姓着想，每一条政令都是在解决实际问题，我真的替任城百姓有您这样一个县尉感到高兴。"

那日接风宴过后，李白便在任城四处游走。他要走到百姓中间去，听一听百姓的真实感受。百姓们对生活状态无比满意，人人都夸任城县尉是个心怀百姓的好官。李白这才放心地回到县衙，提笔写下一篇《任城县厅壁记》，刻在县厅的墙壁上。

然而，即便有着像任城这样的一方净土，还是无法扭转大唐王朝的颓势。此刻的李白，对改变国家的命运无能为力,他只能用隐居的生活暂时麻痹自己。

　　元丹丘的一封书信,将李白邀至唐州湖阳县石门山。三年未见元丹丘,李白十分想念,哪怕路途遥远,也挡不住他的脚步。

　　石门山出了名的陡峭,据说即便是最善于攀登的人,在石门山耸入云霄的峭壁面前也会心生畏惧。李白在寻找元丹丘的过程中,光是山峰就攀越了三四个,山中小路难行,李白只觉得自己一直在山中兜兜转转,仿佛永远也走不到尽头。

　　李白一面走,一面想着是不是石门山在捉弄自己,不知不觉,便走到山林深处。一路上虽然曲折难行,但好在有鸟儿陪伴,叽叽喳喳地在树上欢快地鸣叫,仿佛是在给李白鼓劲。可是此刻,竟然一下子寂静了起来,连风声都听不到,偶尔传来几声哀愁的猿啼,有些令人毛骨悚然。

　　山中多有大雾,李白凭借着多年在山林中行走的经验,好不容易才辨认出方向。他壮起胆子继续向前走,走着走着,大雾终于渐渐消散了,不过天也越发暗了。走了一会儿,月亮升了起来。那是一轮美丽的圆月,仿佛挂在高高的松树枝头,照得空荡荡的山谷一派清秋肃穆。

　　借着月光,李白向山谷中的沟壑看过去,里面堆积着阳光晒不化的千年积雪,一处山崖断裂的缝隙里,流淌着寒凉彻骨的山泉。晚上看山,别有一番情趣,秀丽的峰峦仿佛直直插入云天,看得李白目不暇接。

　　他正在山色夜景中流连忘返,忽然听到元丹丘在远处呼唤着自己的名字。看到李白,元丹丘大笑着过来迎接。李白简直爱极了这幽静的山谷,直到这一刻,他才终于体会到什么叫作"静者安闲"。

三十年的友情,早已变成了亲情。看着李白花白的头发,元丹丘有些感慨:"三年前你还是满头青丝,如今竟然也添了许多白发,看来真的是岁月不饶人啊。"

李白却满不在意,说道:"几根白发算什么,拔掉便是。若是心不老,便永远意气风发。"他让元丹丘找来一把镊子,替他拔去头顶的白发。李白将拔下来的白发捏在手中,拔完之后,他用一根细绳将白发扎成一束,又转身去书房,伏在桌案上写了起来:

秋日炼药院镊白发,赠元六兄林宗

木落识岁秋,瓶冰知天寒。桂枝日已绿,拂雪凌云端。
弱龄接光景,矫翼攀鸿鸾。投分三十载,荣枯同所欢。
长吁望青云,镊白坐相看。秋颜入晓镜,壮发凋危冠。
穷与鲍生贾,饥从漂母餐。时来极天人,道在岂吟叹。
乐毅方适赵,苏秦初说韩。卷舒固在我,何事空摧残。

云卷云舒,自在人心,纵然满头华发,李白也有一颗永不服老的赤子之心。他将这一束白发连同刚刚写好的诗,一同赠予元丹丘。五十岁的李白,对自己的未来依然充满渴望,他希望自己依然能像鸿雁一样青云直上。

第六章

不舍初衷·壮士一去不复返

热血满腔泪满襟

没有人不爱青春,当年华逝去,人们总是希望青春能留得再久一些。其实,青春本身或许并不代表什么,但一张年轻的容颜,强健的身板,至少还在提醒着人们,一切梦想都还来得及实现。

在某些方面,李白是幸运的,虽然他的辅国大业尚未实现,爱情却从未将他抛弃。

多年前在梁园与宗小姐的一面之缘,为李白的下一段婚姻埋下了伏笔。其实,李白不是没有对宗小姐动心,从吴越一带归家之后,他便托媒人向宗府提亲。等待答复的日子里,李白是有些忐忑的,毕竟他们之间的年龄相差悬殊,如今李白已经五十岁,宗小姐却只有三十岁。

惊喜的是,宗小姐竟然答应了这门亲事。当媒人将好消息带给李白时,李白正和元丹丘在山中隐居。得知李白即将再次做新郎,元丹丘发自内心替他高兴。更何况宗小姐是宰相之后,知书达理,又经历过家族的兴衰,愿意和李白一起守着清贫过日子,这样的姻缘实在难得。

宗小姐愿意下嫁，也让李白激发了更多豪情，他想要再次谋得一份前程，给宗小姐一个更好的未来。曾经，李白最自豪的是自己的文采，可惜却被唐玄宗用来取乐。如今，李白打算弃文从武，到前方战场上杀敌，用另外一种方式证明自己的价值。

与宗小姐成婚后，李白就在梁苑定居下来。虽然新婚甜蜜，李白却并不踏实，没有功名在身，总觉得有些委屈了宗小姐。于是，他四处托朋友打听，想寻找一个出人头地的机会。

很快，机会来了。幽州节度使何昌浩得知李白的豪情壮志，专程给李白写来书信。他们是多年旧识，当年遇到李白是何昌浩的幸运。他本是穷困潦倒的落地秀才，是因为李白的慷慨赠金，才让他有了继续参加科考的资本，终于金榜题名。

何昌浩一直将李白当作恩人，如今刚好有了一个报恩的机会。他希望李白能来幽州，自己会尽最大可能为他创造发展的机会。

虽然从未上过战场，李白却毫不畏惧。他想即刻奔赴幽州，可又放心不下把宗小姐一人留在梁苑。很多个夜晚，李白因为内心纠结无法入眠。究竟是选择温暖的小家，还是到战场上去建立功勋，他无法决定。

终于，李白鼓足勇气将心中的想法告诉宗小姐，可是宗小姐却并不同意他奔赴边疆。宗小姐的理由很简单，也很现实：李白毕竟已经五十岁，战场上刀枪不长眼，怎么能确保活命？更何况，幽州是安禄山的管辖范围，李白在那里肯定不会有好果子吃。

李白只好继续待在梁苑，可他的心已经飞到了幽州。许多次他在梦中上了战场与敌军厮杀，每次从梦中惊醒都是满头大汗。

宗小姐不忍心看着李白这个样子，她只能无奈同意他去幽州。不过，她也有一个条件，那就是让李白审时度势，如果形势不妙，要立刻回来。李白自然满口答应，之后便忙不迭地给何昌浩写回信：

赠何七判官昌浩

有时忽惆怅，匡坐至夜分。
平明空啸咤，思欲解世纷。
心随长风去，吹散万里云。
羞作济南生，九十诵古文。
不然拂剑起，沙漠收奇勋。
老死阡陌间，何因扬清芬。
夫子今管乐，英才冠三军。
终与同出处，岂将沮溺群。

距离唐玄宗"赐金放还"，已过去七八年的时间。只有李白自己知道这段时间他经历了多少迷茫，心中有多少不甘。他觉得自己是幸运的，至少上天还愿意给他一个希望，哪怕边疆苦寒，他也不畏惧。人生最难得的是年近半百，还能有崭新的起点。

其实，李白也知道，以自己的年纪想要上阵杀敌是不可能了。但他至少还可以在幽州观察安禄山的动静,一旦安禄山有谋反的迹象,他要立刻向朝廷禀告。

即便如此,当亲友们得知李白即将去往幽州,还是十分担心。他们知道劝阻无用,只能为他举办一场送行宴,可是有很多人已经将这场送行宴当作与李白的诀别。

为了安慰好友,李白写下一首临别诗:

留别于十一兄逖裴十三游塞垣

太公渭川水,李斯上蔡门。
钓周猎秦安黎元,小鱼鹪兔何足言?
天张云卷有时节,吾徒莫叹羝触藩。
于公白首大梁野,使人怅望何可论?
既知朱亥为壮士,且愿束心秋毫里。
秦赵虎争血中原,当去抱关救公子。
裴生览千古,龙鸾炳文章。
悲吟雨雪动林木,放书辍剑思高堂。
劝尔一杯酒,拂尔裘上霜。
尔为我楚舞,吾为尔楚歌。
且探虎穴向沙漠,鸣鞭走马凌黄河。
耻作易水别,临岐泪滂沱。

好友们都在担心李白的安危,他却反过来劝慰好友不要伤心。他要做荆轲一样的勇士,必要的时候,愿意舍身赴死,报效朝廷。其实,李白何尝不知道此去凶险万分,但他已经视死如归,有着"壮士一去不复返"的豪情。

辞别众友人和宗小姐,李白立刻马不停蹄赶往幽州。

若是在平时，李白每途经一处，都会停下来好好游历，这一次，他却一刻都没有耽搁。一直到了邯郸洪波台，他才放缓脚步。

洪波台的士兵正在进行军事演习，李白看得血脉贲张。这次出门，李白随身带了两袋赤羽箭，跃跃欲试想要加入操练的阵营。国家即将发兵征伐外敌，士兵们意气风发，训练得虎虎生威。李白激动地拔出随身佩带的宝剑，紧紧地握在手里，把剑尖指向玉门关的方向，那里就是士兵们即将奔赴的战场。

李白并不留恋南方安逸的生活，他更想去燕然山为国效力。演习的战场上，大风吹动着军旗猎猎作响，士兵们击打着歌钟，气势威猛。李白坚信，如此强大的兵力一定可以百战百胜，战胜契丹凯旋。

看罢演习，李白来到何昌浩所在的军营。只是李白来得不巧，军营的最高长官是安禄山，此刻他正在京城，要过一段时间才能回来。李白暂时不能受命任何官职，只能每天在何昌浩的陪伴下熟悉四周的环境。

边塞之地，到处都是营帐和烽火台，日夜都有人巡逻。士兵们每天都要操练，那有节奏的呐喊和口号，气势如虹。

在军营里，李白很快就结交到新朋友。他们都是从小在边境线上长大的男孩子，虽然不太识字，却个个擅长骑马射猎，各有绝技。秋风乍起，正是狩猎的好时节，何昌浩挑了几个身强力壮的士兵，陪李白一同去打猎。

李白骑在马上矫健的身影，丝毫不逊色于那些在马背上长大的男儿。他们瞄准猎物,搭弓射箭,箭无虚发。在草原上生活的百姓看到他们扬鞭策马,追赶猎物,也纷纷不由自主地后退,生怕被箭锋伤到。

生活在边境线上人,最佩服的就是男儿英雄气概。在这样的环境里待久了,李白再也不愿做一名儒生,就算苦读到白头又有什么用?还不如做一名游侠能在战时为国效忠。

李白喜欢自己的这些新朋友,他结交过权贵,知道那些京城中的纨绔子弟是什么德行,怎么能和这些军队中的精英相比?这些年轻的将士也喜欢李白的不拘小节,很快便把他当成了自己人。

一日,何昌浩无事便陪着李白骑马四处游走。那日天气不错,李白心情愉悦,边境虽然景色荒凉,在阳光的照耀下却也有几分暖意。两人走了一段,前方出现一座山,何昌浩勒住马缰绳,告诉李白不可以再向前走了。

那座山叫作燕支山,是匈奴的境地。匈奴是马背上的民族,就连女子都善骑射,他们对大唐土地虎视眈眈。远处隐约能看到匈奴百姓的放马牧羊的身影,其实,他们也希望过安稳的生活。战争之下,人人都是牺牲品,那些匈奴百姓虽然也是大唐子民的敌人,但是他们又何其无辜?

为了保卫国土,战争在所难免。李白下定决心,只要双方开战,他便要加入战争的阵营当中。他越想越激动,在马背上便作成一首《幽州胡马客歌》:

幽州胡马客,绿眼虎皮冠。笑拂两只箭,万人不可干。

> 弯弓若转月，白雁落云端。双双掉鞭行，游猎向楼兰。
> 出门不顾后，报国死何难？天骄五单于，狼戾好凶残。
> 牛马散北海，割鲜若虎餐。虽居燕支山，不道朔雪寒。
> 妇女马上笑，颜如赪玉盘。翻飞射鸟兽，花月醉雕鞍。
> 旄头四光芒，征战若蜂攒。白刃洒赤血，流沙为之丹。
> 名将古谁是，疲兵良可叹。何时天狼灭？父子得闲安。

李白已将平定边疆当作自己的责任，他期盼着安禄山早日从长安归来，授予自己一个职位，即便不是官职也好，至少可以名正言顺地在军队里做些什么。

他并没有等来安禄山，等来的却是故友崔国辅之子崔度。崔国辅是礼部员外郎，是李白在长安时的旧相识。当年，崔度刚刚二十岁出头，李白非常欣赏他的聪明，便教他学习古乐和剑术，崔度将李白当作老师，十分尊敬。

异地逢故人，李白十分高兴，亲热地拉着他坐下来叙旧。交谈中得知，崔度因为屡试不中，决定弃文从武，已经好几年了。如今崔度正在营州平卢节度使幕府中任判官一职。李白正在替崔度高兴，崔度却一脸紧张的神色，仿佛有什么话想说又不敢说。

崔度四下看了半天，确认周围没有别人，这才压低声音开口。他让李白赶快离开这里，如果等安禄山回来，想走也走不了了。李白不明所以，赶忙追问。崔度说，安禄山向来诡计多端，曾经用计谋将契丹的酋长骗来喝酒，趁其酒醉，将其捆绑了送入朝廷，说是从战场上捉拿的，以此虚报战功。

这件事很多人都知道，只是朝中大部分官员都与安禄山是一党，其他人即便知道实情也不敢说，因此，唐玄宗耳朵里听到的都是对安禄山的称赞之语，对安禄山更加信任，任命他身兼幽州、平卢、河东三镇节度使。

安禄山除了掌握大唐超过半数的兵力之外，还暗地里招兵买马，打造兵器，他哪里是想要抵御外敌，分明是在积蓄力量，蓄谋造反。

其实，崔度说的这些话，李白多少都有所耳闻。他告诉崔度，自己来幽州就是想在暗中监视安禄山，如果安禄山有异动，李白立刻就去呈报皇帝。崔度说："李叔，你想得太简单了。皇上已经把安禄山当作儿子看待，不会相信你的。如果安禄山看穿你的计划，你可能性命不保。"

看来，幽州再也不是久留之地了，为了大局，李白必须先保全自己。决定离开是何等痛苦，崔度走后，李白独自登上黄金台，哭得呼天抢地。

远别离

远别离，古有皇英之二女，乃在洞庭之南，潇湘之浦。

海水直下万里深，谁人不言此离苦？

日惨惨兮云冥冥，猩猩啼烟兮鬼啸雨。

我纵言之将何补？

皇穹窃恐不照余之忠诚，雷凭凭兮欲吼怒。

尧舜当之亦禅禹。

君失臣兮龙为鱼，权归臣兮鼠变虎。

或云：尧幽囚，舜野死。
九疑联绵皆相似，重瞳孤坟竟何是？
帝子泣兮绿云间，随风波兮去无还。
恸哭兮远望，见苍梧之深山。
苍梧山崩湘水绝，竹上之泪乃可灭。

　　他必须尽快离开这个危险的地方，不知此生是否还有机会踏上这片土地，就用这一篇如泣如诉的文字，与幽州告别吧！

繁华背后,静谧亦是孤独

　　一直以来,李白坚信孤独是有力量的,可此时他却觉得如此孤立无援,甚至找不到真正的自己。

　　那一夜,他做了一个梦:梦中一个白首狂莽男子,不听妻子的劝阻,执意要渡河,却在河中心溺水而死。李白清晰地听到那妻子响彻天地的哭泣声,即便是在梦中,李白也伤心不已。李白仔细看那溺死的男子容貌,竟然就是他自己,他吓得大喊一声,从梦中惊醒,发现自己已经汗流浃背。

　　这个梦或许是在提醒李白,可以用不放心独自在家的妻子作为借口,离开幽州。于是,他用这个借口向何昌浩辞行,何昌浩表示理解,没有阻拦李白,还说等李白安顿好家人,再回来建功立业。

　　北风夹杂着雪花,在幽州这片北方边境之地肆虐。这样恶劣的天气也阻挡不住李白离开的脚步。大片的雪花一片一片地砸在他的身上,就连他的体温都无法让这雪花融化。北风怒号着割在他的脸颊上,李白依然执着前行。他思念妻子，知道她一定在家中不思茶饭，眉头紧锁，连笑容都不再展露了，只因惦念着他这个远行从军的人。

李白和那些士兵们闲聊的时候，曾听他们提起一个士兵在参军之后，他的妻子便日日倚在门边，看着街上来往的行人，盼望着其中有她得胜归来的丈夫。他离家时，手中只提着一把宝剑，平时用来打猎的那个虎皮金柄的箭袋被他留在家里。那里面还装着一双白羽箭，他的妻子一直将箭袋挂在墙上，只等他归来，还像平时那样外出打猎。

可是，这个士兵却在一场战争中死在了边疆，再也回不去了。他的妻子得知这个噩耗，悲愤之下将那箭袋连同白羽箭一同烧成灰烬，只因她怕睹物思人，更添伤心。此时此刻，李白更能理解那位妻子的伤心，如果他也战死在疆场，他的妻子或许会更悲痛吧？

虽然崔度再三劝说李白，唐玄宗除了安禄山不会相信任何人。可李白还是抱着一丝救国的希望，从幽州赶到了长安。

此时的长安还像从前一样繁华，王公贵族们还是忙着斗鸡取乐，长安城中的百姓也丝毫不知道北方边境即将面临多么恶劣的战事，更没觉得即将大祸临头，依然像平日那样不紧不慢地过着日子。

李白找到一家酒店，暂时在这里歇脚。他要了一壶酒，一边喝，一边思索着怎样才能将安禄山想要造反的消息送入皇宫。

李白无意中听到邻桌二人的对话，奸相李林甫已死。

李白快慰不已。这个狗贼害死了太多人，终于轮到了他自己。可是，那两人接下来的话，却让李白寒心。他们说，李林甫死后，杨国忠成为相国，朝廷比从前更加黑暗。前几日有人在皇帝面前说安禄山要谋反，皇帝竟然不信，说那人污蔑安禄山，将其捆起来游街示众，还说要送到安禄山府上，听凭安禄山处置。

　　李白庆幸自己没有莽撞，原来唐玄宗真的已经昏庸至此。李白痛心不已，难道好好的大唐江山就要这样被篡夺了吗？

　　既然唐玄宗只相信安禄山，李白继续留在长安也没有意义，他决定回家。从长安赶回梁苑，李白终于又见到了宗小姐。因为日夜为李白担惊受怕，宗小姐吃不好睡不好，如今已经憔悴不堪。看到李白平安无恙回家，她只唤了一声"相公"，就哭得再也说不出来其他话。

　　无论如何，人活着就是最大的欣慰。在这个即将倾覆的王朝里，至少还有这样一处温暖的港湾，能给李白最深情的安慰。

　　然而，李白天生便不是一个恋家之人，家中的温暖抚慰了他在边塞和长安的心伤，李白的脚步又开始蠢蠢欲动。一日，李白收到好友崔成辅的信，邀请李白前往宣城一聚，李白再次告别妻子，赶往宣城。

　　敬亭山是从梁苑去往宣城的必经之路，李白知道有一位名叫会公的得道高僧，就住在山中的寺庙里。每隔一段时间，会公便会公开讲经，每到此时，敬亭山便人山人海，寺庙里挤满了前来听经的善男信女。

秋日的敬亭山更显秀美,行走在山中,李白只觉得内心无比清净。他计算的日子刚刚好,正好赶上会公开坛讲经。每一位前来听经的人都事先焚香沐浴,换上最庄重的衣服。许多人一看就是儒雅饱学之辈,风度翩翩。

李白也夹在人群中,认真聆听起来,听罢,李白认定这就是一位得道高僧。他专门请求拜见会公,会公听说过李白,特意辟出一间禅房,与李白单独交谈。在高僧面前,李白不愿谈世俗之事,他们讲经论道,谈诗词山水。从会公口中,李白得知陵阳山是一处风景清幽之地,会公曾在那里居住,许多隐士也都住在那里。当得知那里还有一处天然潭水,名叫白龙潭,李白对陵阳山更加心向往之。

与高僧的交谈可以净化心灵,李白将一首诗赠给会公,以表尊敬:

自梁园至敬亭山见会公谈陵阳山水兼期同游因有此赠
我随秋风来,瑶草恐衰歇。中途寡名山,安得弄云月?
渡江如昨日,黄叶向人飞。敬亭惬素尚,弭棹流清辉。
冰谷明且秀,陵峦抱江城。粲粲吴与史,衣冠耀天京。
水国饶英奇,潜光卧幽草。会公真名僧,所在即为宝。
开堂振白拂,高论横青云。雪山扫粉壁,墨客多新文。
为余话幽栖,且述陵阳美。天开白龙潭,月映清秋水。
黄山望石柱,突兀谁开张?黄鹤久不来,子安在苍茫。
东南焉可穷,山鸟飞绝处。稠叠千万峰,相连入云去。
闻此期振策,归来空闭关。相思如明月,可望不可攀。

何当移白足,早晚凌苍山?且寄一书札,令予解愁颜。

李白更加坚定,不能眼睁睁看着国运衰落,到了宣城,他要寻找更好的机会。在宣城的日子,比在幽州舒心许多。崔成辅并不把李白当成客人看,来到这里,就像回到自己家,没有任何拘束。

一日,李白的旧友来访,是担任秘书省校书郎的李云,也叫李华。他是当时著名的古文家,专门负责校对图书。李白对他十分尊敬,虽然两人都姓李,却并非本家,不过李白还是尊称他一声"叔父"。

李华这次只是路过宣城,特意来造访李白。李白带他登上自己最喜欢的谢朓楼,这是南齐时担任宣城太守的谢朓所建,李白已经不止来过一次,还曾写过一首《秋登宣城谢朓北楼》:

江城如画里,山晓望晴空。
两水夹明镜,双桥落彩虹。
人烟寒橘柚,秋色老梧桐。
谁念北楼上,临风怀谢公?

只是这一次登临谢朓楼,李白没能找回如临画中的心境。因为李华带来了一个坏消息,杨国忠因为急于用战绩邀功,发兵攻打南诏。可他哪有带兵打仗的才能?大唐的二十万兵力白白损失在这场战争当中。这几乎已经是除了安禄山手中的兵力之外大唐仅剩下的最精锐部队了。如果此时有外敌入侵,后果不堪设想。

唐玄宗却好像并不在意,依然在自己的安乐窝里过着花天酒地的生活。杨国忠为了补上这损失的二十万军队,开始四处抓人入伍从军,这些被抓入伍的人,家中妻儿整日哀声痛哭,士兵们根本不会甘心为国家卖命打仗。

李白痛恨这一切。人生在世,不如意的事情太多了,还不如摆脱红尘,做个逍遥的隐者:

陪侍御叔华登楼歌

弃我去者,昨日之日不可留;

乱我心者,今日之日多烦忧。

长风万里送秋雁,对此可以酣高楼。

蓬莱文章建安骨,中间小谢又清发。

俱怀逸兴壮思飞,欲上青天揽明月。

抽刀断水水更流,举杯消愁愁更愁。

人生在世不称意,明朝散发弄扁舟。

李华走后,崔成辅似乎看出李白的忧愤,于是提议一同去扬州散心。三月的江南美景,李白最是熟悉,此番扬州之行,李白最大的收获竟然是结识了一位忘年交。

一名叫魏万的年轻人,因为仰慕李白的才华,像当年的岑勋一样,四处寻找李白。只可惜李白在任何一个地方都不久留,往往是魏万后脚赶到,李白已经前脚离开。就这样,魏万几乎去遍了李白去过的所有地方,直到来到扬州,才终于见到李白本尊。

魏万的虔诚让李白颇为感动。魏万虽然比李白年轻很多岁,却与李白是同道中人,几乎每一首李白创作的诗,魏万都能信手拈来背诵,并能准确体会出李白当时的感受。

简短相处过后,李白便大胆决定,将自己的所有诗稿交给魏万保管,如果日后有合适的契机,他希望魏万能帮自己编纂一部诗集。

魏万没有辜负李白的期望,他真的将李白的诗集结成册,流传后世。只可惜那个时候李白早已经作古。

交代好自己的诗稿,李白的心情竟有些悲怆。几十年来,李白从来视金钱如粪土,唯有这些诗稿被他当作心爱的宝贝珍藏着。不知在交出这些诗稿的时候,李白是否似乎已经预感到,不久之后将与这个世界诀别。

好在,好友汪伦的一封来信,让李白从悲怆中抽离出来。当时李白正在秋浦,而汪伦则在泾县做县令。他在信中说:"先生好游乎?此地有十里桃花。先生好饮乎?此地有万家酒店。"

美酒加上美景,李白怎么可能不动容?他立刻起身奔赴泾县,可走了许久,并没有见到信中的十里桃花和万家酒店。一直见到汪伦的面,李白才说出心中不解。没想到汪伦竟然哈哈大笑,说:"这里有潭名叫桃花潭,方圆十里,还有一家酒店,店主姓万,所以叫万家酒店。"

李白听罢也哈哈大笑,自己竟然被汪伦"诓"了,不过,管他桃花多少里、酒店多少家,只要有好友相伴,美酒作陪,人生足矣。

在泾县逗留了几日,汪伦的陪伴让李白的心情渐渐舒缓下来。得知李白即将离开,汪伦又特意赠予他八匹名马、十匹锦缎,设宴为李白送行。

到了分别的那日，李白独自一人来到渡口，即将登上小船离开，身后却忽然传来踏歌的声音。原来是汪伦带着当地村民来为李白送行，李白既感动又感慨，用一首诗作为对汪伦深情厚谊的回赠：

赠汪伦

李白乘舟将欲行，忽闻岸上踏歌声。

桃花潭水深千尺，不及汪伦送我情。

在即将到来的乱世里，李白已经预感到自己无法再像从前那样沉溺于安稳的人生。他真心想为国家做些什么，可那个昏庸的王朝，已经看不懂究竟谁才是真正的忠臣。

家在远方

天宝十四载(755)二月,长安城的上方笼罩着厚厚的阴霾,仿佛预示着皇城中即将风云变幻。

安禄山请求以蕃将代替汉将,之后又请求将洛阳的兵调往蓟门,全然意识不到危机的唐玄宗全部应允了。当时李白刚刚返回宣城,与宣城太守赵悦相处得十分融洽。赵悦和李白一样是刚直不阿之人,曾经以监察御史身份在幽州讨伐贼寇,后来又当过两任县令,因坐使被出而"归田园。"到了天宝七载(748),因为受到杨国忠的赏识,赵悦再进御史台,没过多久又进了尚书省。只可惜木秀于林,风必摧之,因为赵悦表现太出色遭到嫉妒,被贬去做太守,历经三郡。

只有真正受李白欣赏的人,李白才会写诗相赠:

赠宣城赵太守悦

赵得宝符盛,山河功业存。三千堂上客,出入拥平原。
六国扬清风,英声何喧喧。大贤茂远业,虎竹光南藩。
错落千丈松,虬龙盘古根。枝下无俗草,所植唯兰荪。

忆在南阳时，始承国士恩。公为柱下史，脱绣归田园。
伊昔簪白笔，幽都逐游魂。持斧冠三军，霜清天北门。
差池宰两邑，鹗立重飞翻。焚香入兰台，起草多芳言。
夔龙一顾重，矫翼凌翔鹓。赤县扬雷声，强项闻至尊。
惊飙颓秀木，迹屈道弥敦。出牧历三郡，所居猛兽奔。
迁人同卫鹤，谬上懿公轩。自笑东郭履，侧惭狐白温。
闲吟步竹石，精义忘朝昏。憔悴成丑士，风云何足论？
猕猴骑土牛，羸马夹双辕。愿借羲皇景，为人照覆盆。
溟海不振荡，何由纵鹏鲲。所期玄津白，倜傥假腾骞。

赵悦不仅为官清廉，更有将军之才。李白曾经替赵悦给杨国忠写信，请命带兵打仗，为国效忠，可杨国忠收到信后置若罔闻，没了下文。

天宝十四载（755）十一月，李白一直担心的事情终于发生了。安禄山发动手下士兵，连同罗奚、契丹、突厥等少数民族士兵，共计十五万人，以讨伐杨国忠为名，在范阳起兵。

在此之前，杨国忠曾在唐玄宗面前说安禄山必反，唐玄宗不信，却加深了杨国忠与安禄山之间的矛盾。此番安禄山造反，唐玄宗这才发现是自己的纵容丰满了安禄山的羽翼。仓促之下，唐玄宗任命荣王李琬为元帅，高仙芝为副元帅，率兵东征，结果被安禄山大败。

很快，洛阳以及河南诸郡都被安禄山攻破，高仙芝被杀。之后唐玄宗又任命哥舒翰为副元帅，把守潼关；任命郭子仪为朔方节度使。与此同时，平原太守颜真卿、常山太守颜杲卿讨伐安禄山，河北诸郡也群起响应。

凡是立下战功之人都受到唐玄宗重重封赏，一时间，各地官员举兵响应，加入讨伐安禄山的阵营。安禄山大惊失色，转而攻打常山郡。常山郡兵少粮寡，颜杲卿亲自督战，直到弹尽粮绝被安禄山俘虏，惨遭杀害。

战事一发，李白有些担心家中妻儿的安全。宗小姐在梁苑，一双儿女在睢阳，李白只得去梁苑接宗小姐，再托好友去睢阳将一双儿女接到梁苑。

接连遭遇失败，唐玄宗慌了手脚。没过多久，洛阳沦陷，安禄山在洛阳称帝，唐玄宗只得将最后的希望寄托在杨国忠身上。可惜杨国忠是个不折不扣的蠢材。若凭借天险，长安还可守住，杨国忠哪懂作战的计谋，只懂凭借蛮力取胜。他率领大军出关迎战，正中安禄山下怀。杨国忠惨败之后，眼看长安城不保。唐玄宗为了活命，只得带着杨贵妃和大臣们仓皇出逃。

眼看叛军即将攻打到梁苑，李白不得不带着家人逃难。残酷的战争让百姓流离失所，李白一路上看到了逃难百姓的种种惨状，一连五首《奔亡道中》，便是李白对这次逃难的真实写照。

胡人士兵已经杀红了眼，看到穿汉人衣服的百姓就杀。为了活命，李白只得让一家人换上胡人的衣服，白天找个隐蔽之处躲起来，到了晚上再继续逃亡。一路上，李白都在与逃亡的百姓背道而驰。别人都忙着逃离长安，他却带着妻子直奔长安的方向。

他还不知道唐玄宗已经出逃，想要把自己的灭敌计策献给唐玄宗。幸好还没到长安，李白便得知唐玄宗出逃的消息，立即带着一家人逃往洛阳方向。

半路上，李白得知杨贵妃的死讯。原来，随唐玄宗一同出逃的将士们，一致认为是杨贵妃的迷惑使唐玄宗昏庸，最终导致国土沦丧。当唐玄宗逃亡到马嵬坡时，将士们死活不肯再走了。他们坚持让唐玄宗处死杨贵妃，否则就不再继续替大唐卖命。

荣宠半生的杨贵妃就这样被一根白绫吊死在马嵬坡。唐玄宗好歹算是保住了性命，可在百姓心中，早已不再认可他这位出逃的皇帝。

李白带着家人一路逃到华山，将妻子儿女隐藏起来，确保他们的安全之后，他又再次南下宣城，想与崔成辅共商讨敌大计。然而一路上战争的惨状，让李白感受到大唐王朝已走向末路。到了宣城，他已不再像当初那样满怀信心。崔成辅知道，仅凭一己之力，很难抵挡安禄山的叛军。他劝李白快点离开，保命要紧。

无奈，李白只得离开宣城，去往剡州。途径溧阳县，溧阳主簿窦嘉宾收留了李白。生性豪爽的窦嘉宾最喜欢行侠仗义，李白尊称他为"扶风豪士"。

从窦嘉宾口中，李白得到了好消息。原来，安禄山忙着在洛阳准备登基大典，放缓了进攻的速度。郭子仪、李光弼等将军趁机收复了许多失地。据说，唐玄宗也重拾信心，准备御驾亲征。

这样的消息简直太振奋人心,李白顾不上喝窦嘉宾为他准备的美酒,忙提笔记录下这份喜悦:

扶风豪士歌

洛阳三月飞胡沙,洛阳城中人怨嗟。
天津流水波赤血,白骨相撑如乱麻。
我亦东奔向吴国,浮云四塞道路赊。
东方日出啼早鸦,城门人开扫落花。
梧桐杨柳拂金井,来醉扶风豪士家。
扶风豪士天下奇,意气相倾山可移。
作人不倚将军势,饮酒岂顾尚书期。
雕盘绮食会众客,吴歌赵舞香风吹。
原尝春陵六国时,开心写意君所知。
堂中各有三千士,明日报恩知是谁?
抚长剑,一扬眉,清水白石何离离。
脱吾帽,向君笑;饮君酒,为君吟。
张良未逐赤松去,桥边黄石知我心。

可惜没过多久,李白在溧阳偶遇旧友张旭,从他的口中得知,官兵已经节节败退,许多将帅都惨遭诛杀,安禄山夺取了更多城池。

李白的一腔热血,找不到挥洒之地。朝廷中已经没有让他信得过的人,心寒之下,他打算返回华山,接上妻子儿女去往庐山屏风叠隐居。

李白在庐山修建了一间草堂,每日只在里面读书,不再过问世事。当他好不容易从静谧的生活中寻找到一丝快慰的时候,韦子春一连三次上山请李白出山,扰乱了李白的安定。

原来,唐玄宗逃难到成都之后,太子竟然在甘肃灵武即位称帝。当初为了制衡太子的权力,唐玄宗只让他管理一半江山,另一半则交给永王。

自从安禄山造反,永王便开始招兵买马,准备奉唐玄宗诏令收复金陵。若是能建立起这份功勋,大唐的另一半江山早晚也是属于他的。然而,太子称帝的举动打破了永王所有的幻想,就连唐玄宗得知后都错愕不已。

紧接着,太子便以皇帝的身份诏令永王赶往成都,保护已经成为"太上皇"的唐玄宗。永王哪能甘心就这样被踢出皇帝候选人的阵营,他拒绝奉诏,还率领人马驻扎在寻阳。

李白隐居的庐山便在寻阳一带,永王急于为自己拉拢幕僚,才名远扬的李白是最好的人选之一。被永王派来邀请李白的韦子春拿出了三顾茅庐的决心,苦口婆心地劝说李白加入永王幕僚,拯救大唐于危局。

韦子春太知道李白追求的是什么,功名利禄打动不了他,唯一能打动他的就是匡扶社稷。就这样,李白被说动了。一首《赠韦秘书子春》,便是他愿意出山的见证:

徒为风尘苦,一官已白须。
气同万里合,访我来琼都。
披云睹青天,扪虱话良图。
留侯将绮里,出处未云殊。

终与安社稷，工程去五湖。

　　有朝一日天下平定，李白还要回山中隐居。宗小姐舍不得李白离开，李白只得柔声安慰："娘子若是想念我，便登上高高的望夫山，向我此行所去的方向遥望。只盼夫人不要误会我贪图名利，不要觉得我庸俗就好。"

　　其实，永王并不打算授予李白一官半职，只打算将他收入幕僚，为自己博得一个贤名罢了。五十七岁的李白依然有着壮年时的豪情澎湃，在永王身边，他写下许多豪言壮语，也曾用文字替永王歌功颂德。

　　永王东巡，身边也少不了李白。百姓对永王的支持远胜过太子，永王所到之处，百姓夹道欢迎。这样热烈的场面让李白热血沸腾，他看到永王治理地方的能力，坚信他能辅佐新任皇帝收复疆土。

　　可是，刚刚登基的皇帝唐肃宗不可能容忍永王这样一个威胁存在，已经准备痛下杀手。永王也并不像李白想得那样单纯，他并不甘心做一个王爷，他的野心是皇帝的宝座。李白没有任何背叛朝廷的念头，却稀里糊涂地跟着永王，站在了皇帝的对立面。

　　永王手底下的将士的确勇猛，但没有人愿意承担叛国的罪名。在永王公然向朝廷宣战后，大部分将士纷纷弃战逃走，剩下的军队被朝廷的军队打得落花流水，永王在逃亡的路上被处死。

　　直到这一刻，李白才知道自己蹚了怎样一摊浑水。清醒过来的他立刻趁乱逃命，刚逃到浔阳，便被追上来的官兵抓住,关进了浔阳监狱。

李白懊悔不已,他恨自己太单纯,不应该受永王的蒙蔽。可是此时后悔无用,他必须想办法救自己出去。此刻能真心帮助他的,唯有妻子宗氏,于是李白给宗氏写去一封信:

在浔阳非所寄内

闻难知恸哭,行啼入府中。

多君同蔡琰,流泪请曹公。

知登吴章岭,昔与死无分。

崎岖行石道,外折入青云。

相见若悲叹,哀声那可闻。

李白知道妻子得知他入狱的消息,一定会恸哭不已,他也相信,妻子一定会哭着去官府为他申冤。他想告诉妻子,一定要像蔡文姬当年请求曹操一样,哭得悲切一些,感动那些官员们,他才能有一线生机。同时,李白也心疼妻子,她本是娇小的弱女子,为了营救夫君却要翻越崎岖的山峰。李白甚至可以想象当夫妻重逢的那一天,妻子一定会哭得凄惨悲切,闻者伤心。

活着,就有希望

李白知道,单凭宗小姐的一己之力,营救自己十分困难。他想起旧友崔涣正任江南宣慰使,或许向他求助会有办法。李白在狱中写信给崔涣:

> 狱中上崔相涣
>
> 胡马渡洛水,血流征战场。
> 千门闭秋景,万姓危朝霜。
> 贤相燮元气,再欣海县康。
> 台庭有夔龙,列宿粲成行。
> 羽翼三元圣,发辉两太阳。
> 应念覆盆下,雪泣拜天光。

李白担心崔涣公务繁忙,无暇营救自己,决定再写一封信,将自己无辜被囚的忧愤阐述清楚,再明确请求崔涣想方设法帮自己减罪,恳请崔涣能理解自己追随永王只是为了平灭叛乱,替自己平冤昭雪:

> 上崔相百忧章
> 时在浔阳狱

共工赫怒,天维中摧。鲲鲸喷荡,扬涛起雷。
鱼龙陷人,成此祸胎。火焚昆山,玉石相碰。
仰希霖雨,洒宝炎煨。箭发石开,戈挥日回。
邹衍恸哭,燕霜飒来。微诚不感,犹萦夏台。
苍鹰搏攫,丹棘崔嵬。豪圣凋枯,王风伤哀。
斯文未丧,东岳岂颓。穆逃楚难,邹脱吴灾。
见机苦迟,二公所咍。骥不骤进,麟何来哉!
星离一门,草掷二孩。万愤结习,忧从中催。
金瑟玉壶,尽为愁媒。举酒太息,泣血盈杯。
台星再朗,天网重恢。屈法申恩,弃瑕取材。
冶长非罪,尼父无猜。覆盆傥举,应照寒灰。

崔涣一连收到两封李白的信,立刻联合宋之悌的儿子、时任宣城太守的宋若思,将李白营救出狱。宋若思邀请李白做自己的幕僚,同时给了他一个向朝廷陈情的机会。

然而,唐肃宗并不打算原谅李白,他可以容许李白活命,却判了他一个流放夜郎的罪过。

无辜获罪,何其冤枉?李白本打算出狱之后想方设法弥补,继续报效朝廷,却被这一纸宣判兜头泼下一盆冷水。

再过几日,便是新年,正是家家户户最热闹的时刻,李白却不能和家人团圆,必须顶着寒风赶往流放之地。他身着一袭白衣,站在乌江边的渡口。在狱中,李白生了一场大病,如今虽已痊愈,身体却还虚弱。

妻子宗氏和弟弟宗璟一同来江边为李白送行,李白的双眼有些模糊,他觉得有些对不起妻子。自从成婚,宗小姐几乎没有过上好日子。娶宰相孙女为妻，李白觉得自己算得上高攀了，他从未想过，为了营救自己，宗小姐还要四处奔走求人，吃了许多苦，李白越想越觉得愧疚。

幸好宗小姐是相门之后，她的祖父宗楚客是武则天堂姐之子，曾三度担任宰相。宗楚客在世时，宗氏一族何等荣耀？四海之内无人不知宗楚客的丰功伟绩。也是在那时，宗氏一族结交了许多朝中要员、权贵，这些关系也为日后营救李白提供了许多方便。

当年，宗楚客是因为被韦氏一案牵连，才被唐玄宗处死。李白不明白，为什么所有皇帝都一样冷血，不肯宽恕一个无辜之人。当年唐玄宗对宗楚客如此，如今唐肃宗对李白也是如此。

或许，换作任何一个君王，都无法容忍一个站在自己对立面，并且与自己势均力敌的人。都说斩草除根，想要坐稳君王的宝座，必须心狠手辣。宁可错杀，不可错放，留李白一条性命，已经算是唐肃宗最大的宽容。

流放之罪注定不可免，李白也只得接受现实。他拉着宗璟的手将妻子托付给他。他深情地对宗璟说："我不是宗家的好女婿，让你姐姐跟着我吃了太多苦。想来我李白的未来也难有成就了，希望你好好照顾你姐姐，让她不要太伤心。"

宗璟也深情地望着李白，不知说些什么好。他只能继续听李白说："我以为被营救出狱，便有了翻身的机会，没想到皇上还是不肯饶恕我，判我流放夜郎。你姐姐身体向来不好,却不顾山高路远,特意赶来送我。我与你姐姐之间的情意,就像干将与镆铘,永远不分离。"

李白感激宗璟能陪着姐姐来送自己,再多伤感的话,他不愿说,就用一首诗来代替:

窜夜郎于乌江留别宗十六璟

君家全盛日,台鼎何陆离!斩鳌翼娲皇,炼石补天维。
一回日月顾,三入凤凰池。失势青门傍,种瓜复几时?
犹会众宾客,三千光路歧。皇恩雪愤懑,松柏含荣滋。
我非东床人,令姊忝齐眉。浪迹未出世,空名动京师。
适遭云罗解,翻谪夜郎悲。拙妻镆铘剑,及此二龙随。
惭君湍波苦,千里远从之。白帝晓猿断,黄牛过客迟。
遥瞻明月峡,西去益相思。

向西而行,止不住思念。再多委屈与泪水都改变不了流放的结局。李白朝着夜郎方向出发了,这一去,便不知何时是归期。唐肃宗的旨意是"长流夜郎",这便代表着根本没有归期。

一路上,李白都没有停止给妻子写信,可是他没有固定的住所,注定无法收到妻子的回信。但只要能写信,能表达自己对妻子的思念,已经算得上对远行之人的一种安慰了。

好在,唐肃宗只判李白"长流夜郎",但究竟何时抵达夜郎,并没有明确的指使。于是,李白便有足够的时间,把流放之路当作漫游之路。遇到喜欢的地方,或是有好友的地方,他便可以多停留几日。

李白游走多年，结交了许多朋友。几乎每到一处，便有人热情接待，又赠予不少金银。到了江夏，那里的李长史和薛明府早已等待多时。他们在兴德寺准备好了一桌酒宴，只等为李白接风。

　　晚上的兴德寺最是静谧美好。青红色的高阁崇殿横空江岸，远处的青山倒映在明亮的水镜中，一派空蒙之景。他们在兴德寺南阁饮酒，轻柔的丝竹乐声飘荡在香阁里，宛如天籁之音。

　　这样真挚的友情让李白感动，江夏是李白在流放之路上停留最久的地方，但无论再久，也终有启程的一日。即便唐肃宗没有规定明确的期限，若是让他误以为李白故意在路上耽搁，恐怕会招来更大的罪过，说不定还会连累招待的朋友。

　　于是，李白不敢再久留，离开江夏，继续一路走走停停，一年的时间便在旅途中过去了。此时，李白已经来到三峡一带。这是流放之路上最难走的一段，李白的行程也变得更加慢。

　　其实，李白是不怕慢的，如果真的到了夜郎，便意味着他成为一名真正的罪犯，他希望这一天来得越晚越好。

　　这段路的确崎岖难行，李白乘坐的船一直在黄牛峡一带打转，几乎无法前行。或许这是上天的神谕，既然前路难行，那就不必行了，朝廷赦免李白的诏书紧随其后就送到了这里，这意味着李白不再是罪人的身份，他可以回家了。

李白是幸运的,因为唐肃宗打算册立太子,又正逢关中大旱,这才决定大赦天下。凡是流放的罪犯一律赦免。接到赦免诏书时,李白正在白帝城,他激动得立刻掉转船头,一刻不停地朝妻子所在的豫章赶去。没有人能形容出李白此刻的心情,一个流放的罪犯一夜之间变成一个自由人,这是怎样的惊喜?两岸传来阵阵猿啼,李白觉得这便是世间最悦耳的音乐,于是他仰天大笑,脱口而出:

早发白帝城

朝辞白帝彩云间,千里江陵一日还。

两岸猿声啼不住,轻舟已过万重山。

从这一刻开始,李白的世界豁然开朗。他觉得自己好像又重新活了一回,之前在流放之路上经历的那些磨难,都可以化作日后一飞冲天的动力。曾经,他还担心唐肃宗和唐玄宗一样是个昏庸之辈,这一刻他对唐肃宗又充满了信心,觉得大唐王朝又充满了希望。他要完好无损地回去,保全自身,继续为国效力。

回程路上,李白再一次重返江夏,刚好赶上在江夏担任鄂州刺史的韦良宰任期已满,即将返回长安。韦良宰是李白的好友,李白希望韦良宰能在唐肃宗面前替自己多多美言,让唐肃宗改变对他的看法。李白还特意撰写了一篇《经乱离后天恩流夜郎忆旧游书怀赠江夏韦太守良宰》,将自身的境遇以及对乱世的忧愤抒发得淋漓尽致,希望朝廷重新任用自己。

一时间,李白仿佛又回到了青年时代,他又开始四处拜谒官员，为自己重新走上仕途四处疏通。只可惜今日不同往日。当年的官员们不举荐李白，是觉得他的个性不适合当官；如今的官员们不举荐李白，是碍于他曾经是罪人的身份，纷纷避之唯恐不及。

　　李白在江夏逗留了许久，希望在这里能等到好消息。可惜每天早晨的满怀希望，都会变成黄昏时的失望落寞。李白隐隐感觉到，似乎自己重返仕途真的无望了。在江夏，李白见到了时任南陵县令的韦冰，他是李白在长安时结交的好友。如今，能说真心话的人越来越少了，还好有韦冰这样的朋友，愿意倾听李白的无奈。李白不愿啰唆，只将一腔忧愁化作简短的诗句：

江夏赠韦南陵冰

胡骄马惊沙尘起，胡雏饮马天津水。
君为张掖近酒泉，我窜三巴九千里。
天地再新法令宽，夜郎迁客带霜寒。
西忆故人不可见，东风吹梦到长安。
宁期此地忽相遇，惊喜茫如堕烟雾。
玉箫金管喧四筵，苦心不得申一句。
昨日绣衣倾绿尊，病如桃李竟何言？
昔骑天子大宛马，今乘款段诸侯门。
赖遇南平豁方寸，复兼夫子持清论。
有似山开万里云，四望青天解人闷。
人闷还心闷，苦辛长苦辛。
愁来饮酒二千石，寒灰重暖生阳春。

山公醉后能骑马,别是风流贤主人。
头陀云月多僧气,山水何曾称人意?
不然鸣筎按鼓戏沧流,呼取江南女儿歌棹讴。
我且为君槌碎黄鹤楼,君亦为吾倒却鹦鹉洲。
赤壁争雄如梦里,且须歌舞宽离忧。

苦闷虽发泄出来,但落寞犹在。继续等在江夏已经没有任何意义,李白只得继续返程。好在每途经一地,李白总能获得好友的些许安慰。不知不觉,李白已经恢复了开朗的心境。他坚信,只要活着,便有希望。

来生再邀明月

年轻时,总以为人生还很长。我们终将人生比作一段旅程,以为沿途有看不完的风景。可惜再美的旅程,走着走着,便也到了终点。

乾元二年(759)秋天,李白来到岳州,却接二连三收到坏消息。先是好友贾至被贬为岳州刺史,之后又遇到同样被贬至岳州的李晔。他们都是李白在长安时交下的好友,据他们所说,朝中很多官员都遭遇了贬谪。

为了缓解愁情,三人来到洞庭湖赏景。只可惜清澈的湖水,却无法洗净心底的尘埃。三人刚到洞庭湖,李白便接到崔成辅离世的噩耗。李白忧愤之下写下一篇《泽畔吟序》,既表达对崔成辅不幸遇难的同情,也揭露了贪官污吏的残暴。虽说如今大唐王朝已经换了一位新皇帝,可惜现状一点都没有改变,依然是奸臣当道,酷吏横行。

动荡不安的大唐,似乎再难有一刻安稳。没过多久,李白又听说襄州叛将康楚元、张嘉延攻破了荆州,好好的大唐江山即将被分得四分五裂。乱臣贼子,李白最难容忍,可他又能如何？就连想回到妻子身边，都被战争阻挡住脚步。

五十九岁的李白已经满头白发。他真的已经是一名老者了。即便真的不服老，岁月也从不饶人。他的病痛越来越多，体力和精气神也大不如前，再也不能奢望上阵杀敌了。李白听说，朝廷已派商州刺史充荆襄等道租庸使韦伦发兵讨贼，他只能按捺住一腔忧愤，耐心等待，祈祷朝廷能早日消灭叛军。

到了十一月，好消息终于传来：叛将康楚元被擒，手下军队四散溃逃，荆襄之地终于平定。李白高兴不已，即刻写诗抒情：

荆州贼平临洞庭言怀作

修蛇横洞庭，吞象临江岛。积骨成巴陵，遗言闻楚老。
水穷三苗国，地窄三湘道。岁晏天峥嵘，时危人枯槁。
思归阴丧乱，去国伤怀抱。郢路方丘墟，章华亦倾倒。
风悲猿啸苦，木落鸿飞早。日隐西赤沙，月明东城草。
关河望已绝，氛雾行当扫。长叫天可闻，吾将问苍昊。

朝廷的一场大胜，再加上九月初九那一天登高时看到军队在洞庭湖上进行讨伐叛军的演习，让李白心中重新盛满激情。那天，听着军鼓阵阵，甚至想要高歌一曲为将士们助威。那一刻，他下定决心一定要再次寻找机会从军，讨伐叛敌。

于是，李白再次启程，从洞庭湖经过零陵，再至江夏，途经浔阳，抵达庐山。青年时的李白，眼中的庐山是"飞流直下三千尺，疑是银河落九天"。如今的他再登庐山，看到的却是自己那颗历尽磨难之后、依然不愿向现实妥协的心。

庐山秀丽雄起的景色，像极了李白狂放不羁的性格。他想要报效朝廷，也想摆脱世俗的羁绊，进入缥缈虚幻的仙境。他记得，当年同好友卢虚舟一同登庐山时，他也流露过想要隐居山林的念头。此番再登庐山，李白有些思念故友，便用一封信遥寄自己的思念：

庐山谣寄卢侍御虚舟

我本楚狂人，凤歌笑孔丘。

手持绿玉杖，朝别黄鹤楼。

五岳寻仙不辞远，一生好入名山游。

庐山秀出南斗傍，屏风九叠云锦张，影落明湖青黛光。

金阙前开二峰长，银河倒挂三石梁。

香炉瀑布遥相望，回崖沓嶂凌苍苍。

翠影红霞映朝日，鸟飞不到吴天长。

登高壮观天地间，大江茫茫去不还。

黄云万里动风色，白波九道流雪山。

好为庐山谣，兴因庐山发。

闲窥石镜清我心，谢公行处苍苔没。

早服还丹无世情，琴心三叠道初成。

遥见仙人彩云里，手把芙蓉朝玉京。

先期汗漫九垓上，愿接卢敖游太清。

从庐山到豫章,路程已所剩不多。可就在这一段路途上,李白却看尽了战争背后的人间惨象。沿途的大小村镇,几乎家家都没有壮年男子。他们都被朝廷征入军中,送往前方平息战乱。家家户户都充斥着妻儿老小的哭声,这声音不禁让李白的心揪了起来,之后便是心痛。

那些去前方打仗的男子,都怀着满腔豪情。他们虽舍不得家中妻儿父母,却依然无怨无悔地去阵前保家卫国,毫无惧意。他们是真正的男儿,李白心有所感,写下一首诗:

豫章行

胡风吹代马,北拥鲁阳关。吴兵照海雪,西讨何时还?
半渡上辽津,黄云惨无颜。老母与子别,呼天野草间。
白马绕旌旗,悲鸣相追攀。白杨秋月苦,早落豫章山。
本为休明人,斩胬素不闲。岂惜战斗死?为君扫凶顽。
精感石没羽,岂云惮险艰?楼船若鲸飞,波荡落星湾。
此曲不可奏,三军发成斑。

就这样一路走走停停,上元元年(760),李白终于抵达豫章。夫妻重逢,泪眼相对。宗小姐对李白没有一句埋怨,只用一腔柔情,化解了他一路上的疲惫。对于李白来说,妻子永远是他最温暖的港湾。无论他寄情山水,还是获罪流放,她总是默默地在他身后等待。

李白决定在家里休整一段时间,这期间李白听说朝廷任命李光弼为南副帅,率兵讨伐敌军,收复失地。据说李光弼治军向来严谨,战功赫赫。这样的一位将领正是李白想要投靠的。

纵然满头白发,只要内心不染霜华,就饱含激情。李白将妻子送到庐山安顿下来,又只身跨上骏马,朝着李光弼军营所在的方向狂奔。六十一岁的李白甘愿成为李光弼麾下的一名最普通的士兵,任凭调遣。

只可惜无论多么不服老,一路的颠簸还是击垮了李白本就虚弱的身体。他病倒了,根本无法再策马前行。此前不久,李白刚刚从金陵经过,那里山清水秀,最适合调养身体。李白虽不甘心,却只能掉头返回。

在金陵,幸亏有崔侍御的悉心照料,李白的病情才没有继续加重。若是身体康健之时,李白无论在好友家里住多久都是坦然的。可是重病缠身,他却有些不好意思麻烦朋友。于是,稍好转一些,李白便决定离开,投奔正在当涂的族叔李阳冰。

为了感谢崔侍御这段时日对自己的照料,李白特意赠诗一首:

闻李太尉大举秦兵百万出征东南懦夫请缨冀申一割之用半道病还留别金陵崔侍御十九韵

秦出天下兵,蹴踏燕赵倾。黄河饮马竭,赤羽连天明。
太尉杖旄钺,云旗绕彭城。三军受号令,千里肃雷霆。
函谷绝飞鸟,武关拥连营。意在斩巨鳌,何论脍长鲸。
恨无左车略,多愧鲁连生。拂剑照严霜,雕戈鬘胡缨。
愿雪会稽耻,将期报恩荣。半道谢病还,无因东南征。
亚夫未见顾,剧孟阻先行。天夺壮士心,长吁别吴京。

金陵遇太守，倒屣相逢迎。群公咸祖饯，四座罗朝英。
初发临沧观，醉栖征虏亭。旧国见秋月，长江流寒声。
帝车信回转，河汉复纵横。孤凤向西海，飞鸿辞北溟。
因之出寥廓，挥手谢公卿。

一场辞别，便是永诀。这是李白最后一次见到崔侍御，他的人生也即将走到终点。

李白即将投奔的族叔李阳冰，年龄比李白要小十几岁。李白从金陵一路颠簸到当涂，刚刚好转的病情又加重了。李阳冰对待李白更像是对待一名长辈。李阳冰遍请名医，想要将李白的病医好。大夫们的结论大多一致：李白已病入骨髓，很难康复了。如果能有昂贵的犀牛角入药，或许还有好转的希望。

只要有希望，李阳冰就不放弃。他不惜重金买来犀牛角为李白入药，可是李白的病情还是一天比一天重。

其实，李阳冰并不是富庶之人，只是一名普通的书法家。若是太平盛世，书画一类的作品或许还能卖上大价钱。可如今正值乱世，有钱人都忙着逃命，穷人连吃饱饭都困难，哪里还有收藏字画的闲情逸致？

李阳冰在李白身上花了不少钱，日子也日渐拮据起来。不过他还是不肯轻易放弃治疗，李白却已经感觉到自己命不久矣。

一场大雪过后，李白病得已经不能起床了。他终于意识到，自己叱咤江湖的一生，或许即将在这里走到终点。如果说在这个世界上还有什么值得李白留恋的，便是他倾尽一生心血创作的这些诗稿。之前，他交给魏万一部分，如今，他将自己保留下来的诗稿悉数交到李阳冰手里。

李阳冰能够感受到李白对这些诗稿的重视，他郑重地承诺一定会好好保管。李白点点头，让李阳冰拿来纸笔，挣扎着起身，用人生中最后一首诗，为自己的生命画上一个句点：

临路歌

大鹏飞兮振八裔，中天摧兮力不济。

余风激兮万世，游扶桑兮挂左袂。

后人得之传此，仲尼亡兮谁为出涕？

无论是"临路"还是"临终"，这首诗都已成为李白为自己亲自撰写的墓志铭。即便在人生的最后一刻，他依然以大鹏自比，叹息自己一生壮志未酬，何等悲怆？直到这一刻，李白才发现自己是如此眷恋人生。他为自己的才华没能尽其用而惋惜，可惜，一切已成定局。

后　记

我们就这样以李白的诗为线，读完了李白的一生。李白无疑是唐朝最伟大的诗人之一，有人评价他"前无古人，后无来者"。的确，他的许多诗作都对后世产生了深远的影响，生于现代的我们可以乘着李白的诗，遨游千年之前即将走向衰退的盛唐。

李白对得起"诗仙"的称号，无论任何一个朝代的大文豪，对李白都有诸多溢美之词。他的浪漫，渗透在诗歌的字里行间；他的洒脱，流淌在诗歌的每一个音节里。

没有人不熟悉李白的名字，即便是两三岁的儿童，也能在咿呀学语时背诵出一句"床前明月光"。李白有太多诗篇为世人熟悉，可是在本书全文的最后，我想用一首李白并不被大家熟知的诗，作为对李白洒脱不羁的一生最后的致敬。

山中与幽人对酌

两人对酌山花开，一杯一杯复一杯。

我醉欲眠卿且去，明朝有意抱琴来。

这不是一首经过深思熟虑所得的诗，而是李白在酒醉之后匆忙写下，却在不经意间流传千古。

李白嗜酒，众人皆知。"李白斗酒诗百篇"，足以见得酒对于李白的人生与创作灵感有着多么紧密的联系。有了酒，李白才能写下优美的诗篇。正如这首诗，通篇都被一个"酒"字贯穿。

我们并不知道与李白对饮的那个人究竟是谁，只知道他们在盛开的花丛中，一杯接一杯地饮酒。周围没有别人打扰，只有他们二人。

"一杯一杯复一杯"，或许刚刚开始学习语文的小学生也能写出这样直白的诗句，可若细细品读，我们竟然能从中读出李白的心情。虽然一杯复一杯，但他并没有喝醉，且心情极好。

李白的不羁与洒脱，在诗的后两句体现得淋漓尽致。他明白地告诉友人："如果我喝醉了，你可以自行离去；如果你还想喝，明天清晨你抱着琴再来，我们继续喝。"

这两句诗，就是李白性格的体现。纵观李白的一生，都不曾受到世俗的束缚，于是，他的诗总能跳出当时文人限定的条条框框，既浪漫，又脱俗。将整首诗连起来解读，我们终于发现，"一杯一杯复一杯"，原来也并不似我们最初想象得那样平淡。

越是简单的话语，却往往有着更深的意境。李白的"一杯一杯复一杯"，究竟是多少杯？他究竟喝出了怎样的情绪？喝过酒之后的他又有着怎样的畅快？都要我们展开自己的想象，尽可能地去解读。

　　这就是李白，一个人间狂放客。他的不羁与洒脱，是现代人最渴望、却也最高不可攀的追求。